Hundsfott!

Anja Stiller

Hundsfott!

Schimpfen mit den Klassikern

Anja Stiller, Hundsfott! Schimpfen mit den Klassikern

Copyright © 2014 by Regionalia Verlag GmbH, Rheinbach
Alle Rechte vorbehalten

Einbandgestaltung: Beata Salanowski für agilmedien,
Niederkassel
Layout und Satz: Manuela Wirtz, www.manuwirtz.de

Printed in Poland
ISBN: 978-3-95540-121-4

www.regionalia-verlag.de

Einleitung

Alle tun es. Fluchen. Und niemand sollte es. Weil Fluchen und Schimpfen die Stimmung noch nie nachhaltig verbessert hätten. Weil so etwa vulgär ist und unschön und weil wir es bereits unseren Kindern verbieten, sobald sie mit den ersten, meist noch zaghaften Schimpfwörtern aus Kita oder Kindergarten nach Hause kommen. Nur: Nützt es etwas? Mal ehrlich: Haben es jemals Eltern geschafft, ihren Kindern das Schimpfen wieder abzugewöhnen? Die Antwort erübrigt sich wohl.

Mehr noch: Die … nennen wir es einmal „Qualität" der Flüche steigert sich im Laufe des Lebens und mit zunehmendem Grundvokabular immer weiter.

Warum also nicht einmal den anderen Weg gehen? Statt so zu tun, als dürfe es nicht geben, was es ohnehin gibt, nämlich einen ganz erstaunlichen Fundus an Beschimpfungen, sich denen zuwenden, die gemeinhin als Vorbilder der „guten" Sprache gelten: den Klassikern. Wie haben die Großen aus Literatur, Philosophie und Kunst geflucht? „Wie" nicht „ob". Denn natürlich haben sie. Und sie waren dabei in ihrer Wortwahl nicht gerade zimperlich.

Einen Ausschnitt aus dem umfangreichen Repertoire an Beschimpfungen, Flüchen oder auch den Schmähreden unserer ach-so-erhabenen Denker vergangener Epochen habe ich in diesem kleinen Buch zusammengestellt. Wer möchte, kann sofort zu den Zitaten wechseln, für alle, die darüber hinaus an ein paar Hintergrundinformationen interessiert sind, findet sich im ersten Teil eine kurze Einführung in Geschichte und Psychologie des Fluchens.

Wie aber gelangt man an diese Zitate?

Denn eine solche Sammlung von Texten lässt sich kaum aus dem eigenen Lesefundus zusammenstellen. Auch ich habe daher neben

eigener Lektüre der Primärliteratur bei den Arbeiten anderer Kollegen Anleihen genommen. Hilfreiche Quellen waren für mich unter anderem die Werke von Ralf-Bernhard Essig: „Holy Shit" (aus diesem Buch stammen u. a. die „Bücherflüche"), Gerhard Finks „Der kleine Schmutzfink" (eine unschätzbar wertvolle Fundgrube für lateinische Beschimpfungen) sowie Jörg Drews „Dichter beschimpfen Dichter". Weitere Flüche lieferte darüber hinaus das „Projekt Gutenberg" (www.gutenberg.spiegel.de). Einen umfassenden Überblick über den reichen Sprachschatz an Beschimpfungen aus Vergangenheit und Gegenwart findet man außerdem u. a. in Herbert Pfeiffers „Großem Schimpfwörterbuch". (Zu den genauen Literaturangaben siehe die Bibliographie im Anhang.)

Wo immer es mir möglich war, habe ich den Primärtext, aus dem das jeweilige Zitat stammt, angeführt. Manche der Zitate waren aber auch reine „Zufallstreffer", gefunden in kurzen lexikalischen Beiträgen und leider nicht immer mit bibliographischen Angaben versehen. In diesen Fällen blieb mir nichts anderes übrig, als entweder auf das Zitat zu verzichten – oder es ohne Quellenangabe zu übernehmen. Ich habe mich in diesem Fall für die zweite Variante entschieden.

Eine Anmerkung zur Auswahl der Texte:

Bei der Zusammenstellung der Zitate stellte sich die ganz grundsätzliche Frage, ausschließlich deutsche Werke aufzunehmen oder auch Zitate aus Texten fremdsprachiger Autoren. Für beide Varianten gibt es Argumente: Zitiert man nur Deutsches, fällt ein großer Teil sehr schöner Flüche aus anderen Ländern weg, um die es schade wäre. Zitiert man allerdings Fremdsprachiges, ist man auf Übersetzungen angewiesen. Ganz authentisch ist das Ganze damit nicht mehr. Denn je nach Übersetzung kommt im Deutschen eben dieses oder jenes Schimpfwort heraus, mal derber, mal vorsichtiger.

Ich habe mich daher für eine Art „Zwischenmodus" entschieden: Auf den großen Komplex der antiken Literatur und ihr fast schon unerschöpfliches Arsenal an Zitaten zu verzichten, erschien mir zu schade. Deshalb habe ich die Dichter der Antike aufgenommen.

Und für all jene Leser, die sich gegenwärtig oder früher einmal durch den Lateinunterricht kämpfen mussten, habe ich darüber hinaus den Originaltext und die deutsche Übersetzung einander gegenübergestellt. Außerdem findet sich eine Zusammenstellung der schlagkräftigsten lateinischen Schimpfwörter in einem eigenen „Florilegium", einer „Blütenlese". Bei den Dichtern der griechischen Antike habe ich auf den Originaltext allerdings verzichtet.

Unter den Texten der Neuzeit dagegen finden sich primär deutschsprachige Autoren. Hier musste ich die Auswahl ganz einfach begrenzen und habe mich daher entschieden, vorwiegend die Texte zu zitieren, die uns im originalen Wortlaut überliefert sind.

Mir ist bewusst, wie willkürlich dieses Vorgehen ist. Aber für einen Weg muss man sich nun einmal entscheiden, und mir schien die Aufspaltung in Antike – Mittelalter/Neuzeit am plausibelsten. Mit der logischen Konsequenz, aus der Antike nur in Übersetzung zitieren zu können, und der willkürlichen Entscheidung, mich bei der Neuzeit weitgehend auf die deutschsprachigen Originaltexte zu beschränken.

Und noch ein Wort zur Rechtschreibung:

Zugegeben, die originale Schreibweise verleiht historischen Texten ein sehr authentisches Flair. Aber die Zitate dieser Sammlung stammen nun einmal nicht alle aus derselben Quelle. Für die Orthographie heißt das: Die eine Quelle bleibt bei der historischen Schreibweise, die andere modernisiert. Und wo einmal modernisierend eingegriffen wurde, lässt sich die originale Rechtschreibung nicht mehr vollständig rekonstruieren.

Deshalb habe ich mich auch in diesem Punkt für eine Zwischenlösung entschieden: Nämlich überall dort, wo ich die originale Orthographie finden konnte, habe ich sie beibehalten. Alle übrigen Zitate habe ich dagegen vereinheitlicht. Ich entschuldige mich hiermit feierlich bei allen Apologeten der buchstabengetreuen Transkription und bitte mein Vorgehen mit der fehlenden Einheitlichkeit meiner Quellen zu entschuldigen.

Vielleicht trägt dieses Buch ja nicht nur zur Unterhaltung, sondern auch zur allgemeinen Entspannung bei, vor allem bei Eltern minderjähriger Kinder. Denn wenn schon Goethe und Kollegen sämtliche Schimpfworte ihrer Zeit bemüht haben und offenbar keine Probleme damit hatten, ihre Tiraden auch noch schriftlich festzuhalten, dann muss eigentlich niemand mehr an seiner Erziehungskompetenz zweifeln, wenn das eigene Kind das nächste Schimpfwort mit nach Hause schleppt. In diesem Sinne wünsche ich eine amüsante Lektüre.

Salzburg, im März 2014
Anja Stiller

Teil 1 – Über das Fluchen

Die Wissenschaft vom Fluchen

Schimpfwörter und Schimpfen als Inhalt wissenschaftlicher Untersuchungen? Doch, das stimmt. Der Fachterminus für diese Forschungsrichtung nennt sich „Malediktologie". Der Name leitet sich ab vom lateinischen „maledicere" = schlecht sprechen/schimpfen. Malediktologen sind also jene Wissenschaftler, die sich mit dem Fluchen in all seinen Facetten auseinandersetzen.

Die Wissenschaft ist noch jung: Begründet wurde sie 1973 vom deutschstämmigen Philologen Reinhold Aman (Kalifornien). Fortgesetzt hat diesen Forschungsweg sein amerikanischer Kollege Timothy Jay am Massachusetts College of Liberal Arts. Jays Schwerpunkt lag auf dem psychologischen Aspekt des Fluchens, sprachlich beschränkte er sich auf das Amerikanische, während Aman sich nicht nur allen akademischen Gebieten widmete, sondern darüber hinaus die Kultur des Fluchens in 220 Sprachen und über einen Zeitraum von 5000 Jahren Schimpf-Geschichte untersuchte. Weitere wichtige Malediktologen sind die Französin Dominique Lagorgette (Université de Savoie in Chambéry) sowie die Ukrainerin Oksana Havryliv.

Statt also über etwas, das es eigentlich nicht geben sollte, zu schweigen, beginnt man die (Un)Kultur des Fluchens nun akademisch zu untersuchen. Die Malediktologie ist damit sowohl zum Forschungsschwerpunkt der Sprachwissenschaftler geworden, hier besonders zu einem Zweig der Psycho- und der Soziolinguisten, als auch zu einem Betrachtungsgenstand der Psychologen.

Die Untersuchungen beschäftigen sich zum einen mit der historischen Entwicklung des Schimpfens, zum anderen mit dessen

psychologischer Funktion. Damit wird also der Gebrauch von Ausdrücken, die man besser gar nicht verwenden sollte, in den Rang eines Forschungsgegenstandes erhoben.

Fluchen, um zu schaden

Schlägt man im Lexikon den Begriff „Fluchen" nach, so stößt man meist auf zwei Definitionen: Das „Fluchen" leitet sich zum einen vom „Fluch" ab, also vom Ver-Fluchen, eine zweite Begriffsbestimmung bezieht sich auf die Verwendung ordinärer oder vulgärer Begriffe, mit denen wir Ärger abbauen, die wir aber auch einsetzen, um andere Menschen zu be-schimpfen.

In der historischen Entwicklung stand am Beginn unserer gesamten Tradition des Fluchens aber tatsächlich das Verfluchen, also ein klassischer Schadenszauber, auf lateinisch „Maleficium". Und damit gehört das Fluchen zum parareligiösen Bereich. Es ist eine ritualisierte Form, jemanden zu bestrafen, gelegentlich auch mit dem Ziel, ihn zur Sühne zu bewegen. Und solange der andere oder ganze Gesellschaften an die Wirkung eines solchen Fluches glauben, ist er auch eine höchst wirksame soziale Sanktion. Der Wissenschaftler Maximilian Oettinger, der den Fluch in jüdischer und christlicher Religion untersuchte, konnte fünf Konstanten ausmachen, die zu einem solchen Fluch gehören:

- Der Fluch ist eine Strafe. Jemand reagiert auf diese Weise auf ein Unrecht, das ihm zugefügt wurde.
- Der Verfluchende sieht sich dem Täter ohnmächtig gegenüber. Andere rechtliche Mittel haben zuvor bereits versagt, der Fluch ist damit die höchste und zugleich letzte Form der Strafe.
- Im Moment des Verfluchens entlädt sich ein angestauter Affekt. Damit wird der Fluch auf rein emotionaler Ebene zu einem Akt der Rache.

- Um wirksam verfluchen zu können, muss eine Fluchgemeinschaft bestehen: Der Fluchende muss davon überzeugt sein, dass auch sein Umfeld und insbesondere der Verfluchte selber an die Wirksamkeit des Fluches glauben. Die jüdischen und christlichen Flüche waren öffentliche Sprechakte. Sie wurden vor Zeugen ausgesprochen und dem Verfluchten kundgetan.
- Als Unterstützer des Fluches werden Gott oder die zur jeweiligen Religionsgemeinschaft gehörenden höheren Mächte angerufen.

Als eines der ersten Textzeugnisse für Verfluchungen wird das Alte Testament angesehen. Im 1. Buch Mose verflucht Noah seinen Enkel Kanaan:

> „ *Als nun Noah erwachte von seinem Rausch und erfuhr, was ihm sein jüngster Sohn angetan hatte, sprach er: Verflucht sei Kanaan und sei seinen Brüdern ein Knecht aller Knechte. Und sprach weiter: Gelobt sei der HERR, der Gott Sems, und Kanaan sei sein Knecht! Gott breite Japheth aus und lasse ihn wohnen in den Zelten Sems, und Kanaan sei sein Knecht! (1. Buch Mose, 9, 24 – 28)*

Zuvor aber hatte bereits Gott selber den ersten Fluch über die Menschen verhängt:

> „ *Da sprach Gott der HERR zu der Schlange: Weil du das getan hast, seist du verflucht, verstoßen aus allem Vieh und allen Tieren auf dem Felde. Auf deinem Bauche sollst du kriechen und Erde fressen dein Leben lang. Und ich will Feindschaft setzen zwischen dir und dem Weibe und zwischen deinem Nachkommen und ihrem Nachkommen; der soll dir den Kopf zertreten, und du wirst ihn in die Ferse stechen.*
> *Und zum Weibe sprach er: Ich will dir viel Mühsal schaffen, wenn du schwanger wirst; unter Mühen sollst du Kinder gebären. Und dein Verlangen soll nach deinem Manne sein,*

aber er soll dein Herr sein. Und zum Manne sprach er: Weil du gehorcht hast der Stimme deines Weibes und gegessen von dem Baum, von dem ich dir gebot und sprach: du sollst nicht davon essen –, verflucht sei der Acker um deinetwillen! Mit Mühsal sollst du dich nähren dein Leben lang. Dornen und Disteln soll er dir tragen, und du sollst das Kraut auf dem Felde essen. Im Schweiße deines Angesichts sollst du dein Brot essen, bis du wieder zu Erde werdest, davon du genommen bist. (1. Buch Mose 3, 14 – 19)

Und selbst von einem sogenannten Strafwunder Jesu wird im Evangelium des Matthäus berichtet:

99 *Als er aber des Morgens wieder in die Stadt ging, hungerte ihn. Und er sah einen Feigenbaum an dem Wege und ging hinzu und fand nichts daran als allein Blätter und sprach zu ihm: Nun wachse auf dir hinfort nimmermehr Frucht! Und der Feigenbaum verdorrte alsbald. (Matth. 21, 18 – 19)*

Gleichgültig, ob Fluch oder eine andere Form des Schadenszaubers, während des gesamten Mittelalters war das „Maleficium" die einzige Form der Magie, die unter Strafe stand. Geahndet wurde diese Art von Verbrechen durch Geldbuße, demjenigen, dem der Schadenszauber angelastet wurde, konnte aber auch die Todesstrafe drohen. Während der Frühen Neuzeit (ca. 1450 – 1782) mündete die Angst vorm Schadenszauber schließlich in den Hexenverfolgungen. In der Hochblüte des Hexenwahns konnte bereits ein „böser Blick" zum Vorwurf des Teufelspakts führen. Menschen, die einmal der Hexerei beschuldigt wurden, hatten so gut wie keine Möglichkeit, von diesem Vorwurf wieder freigesprochen zu werden. Grundlage der Hexenprozesse war die sogenannte Halsgerichtsordnung Kaiser Karls V. aus dem Jahr 1532.

Heutzutage hat der Schadenszauber seine Macht auch im juristischen Sinne verloren. In Deutschland spricht man von einem „untauglichen Versuch". Weder das Verfluchen noch sonst irgendeine Form des Schadenszaubers ist demnach heute noch strafbar. Und das gilt auch dann, wenn Verfluchender und Verfluchter fest daran glauben und der Zauber seine Wirkung zudem noch entfaltet, das heißt, wenn dem „Behexten" tatsächlich geschieht, was der andere ihm antun wollte. Rein rechtlich betrachtet ist diese Art von „Verbrechen" heute also keines mehr, weil es „selbst wenn der vom Täter angestrebte Erfolg tatsächlich einträte, nach derzeitigen Erkenntnissen an der Kausalität fehlen würde". Sprich: Es glaubt schlicht niemand mehr an den Zusammenhang zwischen dem Zauber und seinem Resultat.

Erhalten hat sich vom alten Glauben an die Macht der Flüche aber noch etwas in unserer Literatur. „Die Königstochter soll sich in ihrem fünfzehnten Jahr an einer Spindel stechen und tot hinfallen." Mit diesen Worten verflucht die dreizehnte weise Frau das kleine Dornröschen im gleichnamigen Märchen der Brüder Grimm. Sie rächt sich damit dafür, dass sie als einzige der Frauen nicht zum Fest zu Dornröschens Geburt eingeladen war. In diesem Märchen allerdings kommt noch ein weiteres magisches Ritual zum Zuge, nämlich der Gegenzauber: „Alle waren erschrocken, da trat die zwölfte hervor, die ihren Wunsch noch übrig hatte, und weil sie den bösen Spruch nicht aufheben, sondern nur ihn mildern konnte, so sagte sie: „Es soll aber kein Tod sein, sondern ein hundertjähriger tiefer Schlaf, in welchen die Königstochter fällt." Der eigentliche Fluch kann hier nicht aufgehoben, er kann aber immerhin gemildert werden.

Wie das Ganze ausgeht, wissen wir alle: die hundert Jahre lang schlafende Schönheit, der Kuss des Königssohnes, Hochzeit. Es geht gut aus. Und der Fluch ist heute zu einem Relikt aus der Vergangenheit geworden, der sich nur noch im Märchen erhalten hat.

Ludwig Uhland - Des Sängers Fluch (1814)

„ *Es stand in alten Zeiten ein Schloss, so hoch und hehr,*
Weit glänzt es über die Lande bis an das blaue Meer,
Und rings von duft'gen Gärten ein blütenreicher Kranz,
Drin sprangen frische Brunnen in Regenbogenglanz.

Dort saß ein stolzer König, an Land und Siegen reich,
Er saß auf seinem Throne so finster und so bleich;
Denn was er sinnt, ist Schrecken, und was er blickt, ist Wut,
Und was er spricht, ist Geißel, und was er schreibt, ist Blut.

Einst zog nach diesem Schlosse ein edles Sängerpaar,
Der ein' in goldnen Locken, der andre grau von Haar;
Der Alte mit der Harfe, der saß auf schmuckem Ross,
Es schritt ihm frisch zur Seite der blühende Genoss.

Der Alte sprach zum Jungen: „Nun sei bereit, mein Sohn!
Denk unsrer tiefsten Lieder, stimm an den vollsten Ton!
Nimm alle Kraft zusammen, die Lust und auch den
Schmerz!
Es gilt uns heut, zu rühren des Königs steinern Herz."

Schon stehn die beiden Sänger im hohen Säulensaal,
Und auf dem Throne sitzen der König und sein Gemahl,
Der König furchtbar prächtig wie blut'ger Nordlichtschein,
Die Königin süß und milde, als blickte Vollmond drein.

Da schlug der Greis die Saiten, er schlug sie wundervoll,
Dass reicher, immer reicher der Klang zum Ohre schwoll;
Dann strömte himmlisch helle des Jünglings Stimme vor,
Des Alten Sang dazwischen wie dumpfer Geisterchor.

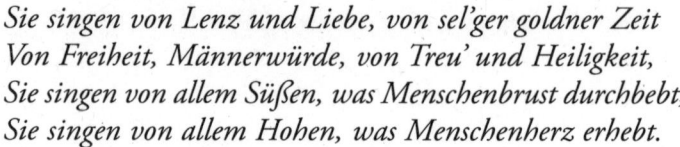

Sie singen von Lenz und Liebe, von sel'ger goldner Zeit
Von Freiheit, Männerwürde, von Treu' und Heiligkeit,
Sie singen von allem Süßen, was Menschenbrust durchbebt,
Sie singen von allem Hohen, was Menschenherz erhebt.

Die Höflingsschar im Kreise verlernet jeden Spott,
Des Königs trotz'ge Krieger, sie beugen sich vor Gott;
Die Königin, zerflossen in Wehmut und in Lust,
Sie wirft den Sängern nieder die Rose von ihrer Brust.

„Ihr habt mein Volk verführet; verlockt ihr nun mein
Weib?"
Der König schreit es wütend, er bebt am ganzen Leib;
Er wirft sein Schwert, das blitzend des Jünglings Brust
durchdringt.
Draus statt der goldnen Lieder ein Blutstrahl hoch auf-
springt.

Und wie vom Sturm zerstoben ist all der Hörer Schwarm.
Der Jüngling hat verröchelt in seines Meisters Arm;
Der schlägt um ihn den Mantel und setzt ihn auf das Ross,
Er bind't ihn aufrecht feste, verlässt mit ihm das Schloss.

Doch vor dem hohen Thore, da hält der Sängergreis,
Da fasst er seine Harfe, sie, aller Harfen Preis,
An einer Marmorsäule, da hat er sie zerschellt;
Dann ruft er, dass es schaurig durch Schloss und Gärten
gellt:

„Weh euch, ihr stolzen Hallen! Nie töne süßer Klang
Durch eure Räume wieder, nie Saite noch Gesang,
Nein, Seufzer nur und Stöhnen und scheuer Sklavenschritt,
Bis euch zu Schutt und Moder der Rachegeist zertritt!

Weh euch, ihr duft'gen Gärten im holden Maienlicht!
Euch zeig' ich dieses Toten entstelltes Angesicht,
Dass ihr darob verdorret, dass jeder Quell versiegt,
Dass ihr in künft'gen Tagen versteint, verödet liegt.

Weh dir, verruchter Mörder! du Fluch des Sängertums!
Umsonst sei all dein Ringen nach Kränzen blut'gen Ruhms!
Dein Name sei vergessen, in ew'ge Nacht getaucht,
Sei wie ein letztes Röcheln in leere Luft verhaucht!"

Der Alte hat's gerufen, der Himmel hat's gehört,
Die Mauern liegen nieder, die Hallen sind zerstört;
Noch eine hohe Säule zeugt von verschwundner Pracht;
Auch diese, schon geborsten, kann stürzen über Nacht.

Und rings statt duft'ger Gärten ein ödes Heideland,
Kein Baum verstreuet Schatten, kein Quell durchdringt
den Sand,
Des Königs Namen meldet kein Lied, kein Heldenbuch;
Versunken und vergessen! das ist des Sängers Fluch!

Fluchen gegen den Ärger

Kommen wir nun zur zweiten, in unserer Zeit viel wichtigeren Bedeutung des Wortes „Fluch", nämlich der als ein Schimpfwort.

Und mit dem Schimpfen fangen die Menschen schon im Kleinkindalter an. Zunächst einmal hören sie es bei ihrer Umwelt ab, bei anderen Kindern, aber auch bei den eigenen Eltern, dann probieren sie es selber aus. Mit einem wunderbaren Effekt: Die Eltern, die es ja nebenbei gesagt selber falsch vorgemacht hatten, werden sauer - und das Kind hat die volle Beachtung. Fluchen wird also „belohnt". Wenn auch mit einem Tadel. Aber immerhin, das Kind spürt, dass es da etwas gibt, womit es innerhalb von Sekunden alle Aufmerksamkeit auf sich ziehen kann.

Pädagogische Ansätze, mit den ersten Flüchen und Schimpfwörtern der Kinder umzugehen, gibt es genug. Der heute gängigste ist wohl der, das „schlimme" Wort erst mal zu ignorieren. Fehlt die Resonanz, ist fürs Kind auch der Reiz weg. Funktioniere das allerdings nicht, solle man, so die Empfehlung, dem Kind freundlich, aber bestimmt klarmachen, dass bestimmte Ausdrücke ganz einfach nicht benutzt werden. Wurde bei diesen ersten Versuchen die Mutter vorübergehend zur „Schrottmama" umbenannt, mag das Verbot irgendwann greifen, und die Vorsilbe „Schrott" fällt nach mehrfachen, eher mehr als weniger nachdrücklichen Ermahnungen wieder weg.

Aber: Das Schimpfen und Fluchen hört damit nicht auf. Ebenso wenig verschwinden „Schrottmama" und „blöder Vollidiot" wieder aus dem Vokabular des Kindes. Sie bleiben dort, werden aber, zumindest vorübergehend, vom aktiven in den passiven Wortschatz verbannt. Denn das Schimpfen und das dazugehörige Vulgärvokabular ist tief in den Strukturen unseres Gehirns verankert: im limbischen System. Und so scheint neuesten Forschungen zufolge der Erziehungsversuch der Eltern bereits im frühesten Alter zum

genau entgegengesetzten Ergebnis zu führen: Denn je stärker sie bestimmte Begriffe mit einem Tabu belegen, umso stärker laden sie diese Begriffe emotional auf. Schimpfwörter werden dadurch zu „Gefühlswörtern" und landen genau dort, wo unsere Gefühle im Gehirn beheimatet sind, in eben jenem limbischen System. Dort bleiben sie so lange friedlich und völlig passiv, wie wir nicht von unseren Gefühlen überrollt werden. In diesen Phasen der Selbstkontrolle sind andere Hirnareale aktiv, unter anderem das Stirnhirn, die dafür sorgen, dass wir uns angemessen benehmen und – ausdrücken. Werden die Emotionen allerdings zu stark, lässt die Selbstkontrolle nach und das limbische System übernimmt kurzzeitig die Führung über unser Verhalten und unsere Sprache. Wir fluchen.

Bei Menschen, die unter dem Tourette-Syndrom leiden, einer Krankheit, bei der die Betroffenen wie unter Zwang stoßweise Flüche und Beschimpfungen ausstoßen, scheinen genau die Regionen des Gehirns geschädigt zu sein, die dafür zuständig sind, Kraftausdrücke im Zaum zu halten.

Welche Wörter Menschen zum Fluchen benutzen, hat in erster Linie mit den Tabus der Gesellschaft zu tun, in der sie leben. Jede Zeit, jeder geographische Raum und sogar jede Sozialschicht hat ihre eigenen Verbote, und wer flucht, verstößt genau gegen die dort herrschenden Tabus. Das macht den „Reiz" des Fluchens aus, und darin liegt sogar der „Gewinn" für den Fluchenden.

Denn zu fluchen ist nicht nur peinlich für die Umwelt (und oft genug später auch für den Fluchenden selbst), es ist nicht nur laut und hört sich scheußlich an. Es hat auch einen Nutzen: Wir bauen damit spontan Stress und Wut ab. Die Alternative dazu wäre insgesamt betrachtet noch unangenehmer als der Ausstoß verbaler Aggression: Wir würden zuschlagen. Oder gleich morden, wer weiß … Je nach Temperament. Geflucht wird übrigens überall, besonders häufig beim Autofahren und beim Arbeiten. Hier, am Arbeitsplatz, machen die Flüche sogar zehn Prozent unseres Vokabulars aus. In der Freizeit reduziert sich die Fluchfrequenz um die Hälfte. Aber auch wenn wir uns weh getan haben, schimpfen wir.

Zu letzterem Phänomen gibt es sogar einen wissenschaftlichen Test: Der britische Psychologe Richard Stephens fragte sich, warum genau Menschen bei Schmerzen fluchen. Er bat darum eine Gruppe von 67 Menschen, ihre Hand möglichst lange in eiskaltes Wasser zu tauchen. Ihm war bewusst, dass die Schmerzempfindlichkeit abnimmt, je länger man diesen Schmerzreiz aushält. Der Test wurde mehrfach durchgeführt. In der einen Variante durften die Testpersonen fluchen, in der anderen durften sie zwar auch sprechen, allerdings war es ihnen nur erlaubt, Wörter zu verwenden, die einen Tisch beschreiben. Das Resultat war eindeutig: Beim Fluchen ertrugen die Probanden die Prozedur mit dem Eiswasser zwei Minuten länger als in der Variante, die nur die Beschreibung des Tisches zuließ. Auch das Schmerzempfinden war in der Fluch-Spielart deutlich niedriger und die Herzfrequenz stieg an.

Und auch eine Erklärung hatte Stephens für dieses Ergebnis: Das Fluchen versetzt den Körper in einen Alarmzustand, eine sogenannte Fight-or-flight-Reaktion (Kampf oder Flucht). In diesem Zustand schütten wir das Stresshormon Cortisol aus, und das senkt wiederum die Schmerzempfindlichkeit. Vielleicht ist das auch der Grund dafür, warum manche Frauen während der Wehen die Umstehenden an einem Arsenal an Beschimpfungen teilhaben lassen, dessen sie sich bis dahin selbst noch nicht bewusst waren.

Fluchen befreit also. Und schützt vor Prügeleien.

Das ist die eine Seite der Erkenntnis. Die sogenannte Glücksforschung ist dagegen zu einer ganz anderen Einsicht gekommen. Der Glücksforscher Stefan Klein schreibt in seinem Buch „Die Glücksformel", die Überzeugung, es sei befreiend oder gar sinnvoll, seinen Ärger spontan abzureagieren, sei es durch Türenknallen oder auch

Fluchen, stamme aus vergangenen Jahrhunderten. Sie sei nicht nur falsch, sondern sogar regelrecht schädlich und „so überholt wie der Glaube, die Erde sei eine Scheibe". Der Kopf sei eben entgegen bisherigen Vorstellungen kein Dampfkessel, in dem sich lange genug Ärger und Frust ansammeln, bis er dann überkocht. Im Gegenteil sei es bislang noch keinem Psychologen gelungen, die befreiende Wirkung eines Wutanfalls nachzuweisen. Man steigere sich damit ganz im Gegenteil nur noch weiter in den ohnehin schon vorhandenen Ärger hinein und bestätige sich auf diesem Weg immer weiter in seinen negativen Emotionen.

Wer recht hat, kann hier nicht entschieden werden. Neurobiologische Forschungen sprechen eher für die Erkenntnisse der Glücksforschung.

Aber das Fluchen bleibt! Leider. Aus Sicht der Glücksforschung. Denn es trägt ganz und gar nicht zum Stressabbau bei. Zum Glück. Aus Sicht der Malediktologen und Neurolinguisten. Denn es schützt unser Gegenüber davor, dass wir ihm den nächstbesten Stock auf den Kopf hauen oder einen Stein in die Windschutzscheibe werfen.

Fluchverbote

Auch wenn es wirklich alle tun, nicht alle dürfen es. Oder vielmehr: Nicht überall darf man es.

In den USA etwa wird das Fluchen teuer: Im Sommer 2004 hat der US-Senat mit 99 zu 1 Stimme den „Defence of Decency Act" beschlossen. Für jeden verbalen Ausrutscher im Fernsehen oder Radio fällt von nun an eine Buße von bis zu 275 Dollar an. Also nichts mehr mit dem guten, amerikanischen „Fuck!" und „Shit!"

Auch in der polnischen Stadt Elblag stellte der Bürgermeister das Fluchen in der Öffentlichkeit unter Strafe.

Im Jahr 2003 verbot sich das russische Parlament selber das Fluchen, in der südrussischen Stadt Belgorod werden „Schimpfstrafzettel" verteilt. Angeblich beträgt der Gewinn jährlich mehrere tausend Euro.

Und im niederländischen Ort Helmond galt über einen Zeitraum von 20 Jahren ein Fluchverbot, 2004 beriet der Rat von Gouda über ein ähnliches Verbot.

Wie wir fluchen, wenn wir fluchen

Bleibt noch zu erklären, welche Ausdrücke wir verwenden, wenn wir schimpfen. Dazu eine Erkenntnis, die vielen angesichts der beachtlichen Anzahl an wirklich unschönen Flüchen erstaunlich vorkommen mag: Als Schimpfwort kann alles verwendet werden. Selbst so positiv besetzte Begriffe wie „Blume" oder neutrale Wörter wie „Eimer" oder „Topf" können zu Schimpfwörtern werden, wenn wir sie entsprechend emotional aufladen. Umgekehrt heißt das auch, dass

nur die wenigsten Wörter von Anbeginn an als wirkliche Schimpfwörter entstanden sind. Selbst unser klassisches „Scheiße" bezeichnet ja zunächst einmal nur ganz neutral ein Stoffwechselendprodukt. Zum Schimpfwort in allen Varianten und Zusammensetzungen wird es erst, wenn wir es im entsprechenden Kontext oder mit dem Ziel verwenden, uns selbst abzureagieren oder jemand anderen zu beleidigen.

Damit wären wir bereits bei der ersten der beiden „großen" Kategorien an Schimpfwörtern, dem fäkalischen Bereich und der Verschmutzung. Hierher gehören alle Begriffe der Körperausscheidung, aber auch „Dreck", „Mist" oder die Körperteile selber.

Als Nächstes wären die Schimpfwörter aus dem Umfeld des Sexuellen zu nennen. Der Beschimpfte wird mit den Genitalien in Verbindung gebracht. Im Italienischen etwa finden sich hier so hübsche Begriffe wie „faccia di cazzo" (Schwanzgesicht) oder „faccia di culo" (Arschgesicht). Auch Ausdrücke, die abgeleitet werden aus sexuellen Handlungen, gehören in diese Gruppe. „Wichser" ist eines dieser Schimpfwörter. Auch sexuelle Freizügigkeit wird gerne in Beschimpfungen umgewandelt, dazu gehören Ausdrücke wie „Schlampe", „Hure" und dergleichen.

Übel beschimpfen kann man sein Gegenüber auch, wenn man ihn als jemanden verhöhnt, der passiv Ehebruch erlitten hat. „Hahnrei" etwa für den betrogenen Ehemann, „Bastard" für das unehelich gezeugte Kind. Im Chinesischen gibt es den Begriff des „lüsternen Wurmes", des yin chong für Bordellbesucher oder für besonders promiske Männer. Allerdings soll diese Bezeichnung noch wesentlich freundlicher sein als die Pendants, mit denen man sexuell freizügige Frauen bedenkt.

- Außerdem werden Schimpfwörter hergeleitet aus Wörtern, die
- das andere Geschlecht herabwürdigen („Tussi", „Macho").
- körperliche Merkmale bezeichnen.

- dem anderen körperliche oder geistige Mängel vorwerfen.
- dem Gegenüber Unfähigkeit bescheinigen („Versager", „Loser").
- jemanden ironisch aufwerten („Besserwisser", „Schnelldenker").
- rassistisch sind („Kanake", „Zigeuner").
- in chauvinistischer Manier andere Volksgruppen oder andere soziale Gruppen herabwürdigen („Spaghettifresser", „Piefke").
- als Wortneuschöpfungen verwendet werden. Dazu gehören meist auch neue Wortverbindungen wie „Scheißtyp", oder, vor einiger Zeit sehr gefragt, mehr odero weniger witzige Wortneuschöpfungen wie „Warmduscher".
- als Vornamen im allgemeinen Sprachgebrauch mit einer Abwertung verbunden werden („sich zum Horst machen").

Wie man anderswo flucht

In anderen Ländern herrschen bekanntlich auch andere Sitten. Nach welchem System die literarischen Klassiker anderer Sprachen seinerzeit geflucht haben, dazu ließen sich zwar keine Angaben finden. Aber zumindest für die Gegenwart sind wir ein bisschen klüger. Und könnten von hier aus möglicherweise auch Rückschlüsse auf die historische Entwicklung des Fluchens in diesen Ländern ziehen.

Fest steht zumindest eins: Deutsche fluchen vorwiegend fäkalisch. In Holland, Amerika und England flucht man dagegen eher mit sexuell besetzten Begriffen. Die vorwiegend protestantischen Skandinavier fluchen gerne mit dem Teufel und anderen religiösen Wesen. Und im slawischen Raum, in Afrika und in arabischen Ländern wird die Umgebung bevorzugt mit Verwandtschafts-, besonders mit Mütterflüchen bedacht. Was uns Deutschsprachige allerdings schockiert. Aber eben primär uns, denn weder in Spanien noch in Italien, in Spanien oder Russland wirken diese Flüche so anstößig

oder brüskierend, wie sie uns erscheinen.

Das Englische „fuck" etwa gilt als eher harmlos, im Italienischen ist die derbe Variante des männlichen Gliedes, „cazzo", fast schon in die Alltagssprache übergegangen. So bedeutet der Fluch „Che cazzo!" nichts anderes als „sowas Dummes!". Auf Afrikaans etwa lautet ein verbreiteter Fluch: „Deine Mutter fickt für Fischköpfe im Hafenviertel", eine Beschimpfung, die im deutschsprachigen Raum durchaus zum endgültigen Aus einer Freundschaft führen könnte. Andersherum empfindet man vor allem im angelsächsischen und romanischen Raum unsere deutschen Fäkalflüche als besonders grob und verletzend.

So groß die Unterschiede auch sein mögen, eine Regel gilt international: Je größer das Tabu, umso verlockender der Fluch. Besonders deutlich zeigt dies eine Studie, die die Flüche von Jugendlichen aus Deutschland, Island und Schweden vergleicht: Im sexuell schon lange eher liberalen Schweden nehmen die Flüche aus diesem Kontext dementsprechend keinen großen Stellenwert ein. Führend sind dort dagegen Flüche über Behinderung und Religion. Letzteres wundert zugegebermaßen etwas, denn als besonders fromm gelten unsere Nachbarn aus Skandinavien nun auch nicht. Flüche über Behinderung dagegen empfindet man in Deutschland, Österreich oder der Schweiz als politisch zutiefst inkorrekt.

Schauen wir uns, bevor wir uns in die Vergangenheit vorwiegend unserer eigenen Sprache begeben, einmal an, wie in der Gegenwart im Ausland geflucht wird:

Spanien: *„Mögest du einen Truthahn verschlucken, und alle seine Federn sollen sich in Rasierklingen verwandeln."*

Oder, sehr kurz und der besseren Herleitung halber zuerst im spanischen Original: „Hostias en vinagre!" – „Verflucht!" oder wörtlich: „Hostien in Essig!"

China: *„Schlaf mit deiner Mutter, Zweihundertfünfzig!"* Die „Zweihundertfünfzig" ist in diesem Sprachgebrauch ein Synonym für *„Dummkopf, Idiot"*.

Slowakei: *„Verende und lauf davon!"*

Tschechien: *„Verschwinde, Fotze!"* (wörtl.: *„Geh zum Klo, Fotze!"*)

Türkei: *„Satan soll dein Gesicht sehen!"*

Italien: *„Deine Vorfahren in einer Schubkarre!"* (Da in Italien die Verehrung der Toten durch Seelenmessen einen sehr hohen Stellenwert einnimmt, ist das ein besonders schlimmer Fluch.)

Großbritannien/Schottland: *„Ich mache Strumpfbänder aus deinen Gedärmen, du Schurke!"* (Ein historischer Fluch, der sich allerdings bis heute erhalten hat. Im originalen Wortlaut klingt er so: Ile make garters of thy guttes, Thou villaine!")

Australien: *„Du mit den ausgestülpten Schamlippen!"*

Irland: *„Möge deine Scheiße auf dir explodieren!"*

Finnland: *„Möse! Teufel! Satan! Hölle! Scheißschwanz!"*

Ungarn: *„Möge eine schwärende Wunde dich bei lebendigem Leib auffressen!"*

Schweden: *„Meine Fürze riechen besser als du!"*

Indien/Pakistan (Hindi): *„Schweiß der Eidechsenschamhaare!"*[1]

Persien: *„Ich furze in den Bart deines Vaters."*

Teil 2 – Fluchen durch die Jahrhunderte

Wir kommen nun zum wesentlichen Teil unseres Buches, zu den Flüchen. Auf den folgenden Seiten findet sich eine Revue durch die Flüche und Verwünschungen mehrerer Jahrhunderte.

Ich habe dabei den Bogen dessen, was unter den Begriffen „fluchen" und „schimpfen" subsummiert wird, recht weit gespannt. Es geht nicht nur um den klassischen Fluch aus Wut oder Ärger, sondern auch um Verwünschungen oder um üble Nachrede, und sogar ordinäre oder derbe Floskeln aus Briefen, wie sie besonders Mozart eine Zeitlang mit Vorliebe verwendet hat, haben Eingang in die Sammlung gefunden.

Zu vielen der zitierten Persönlichkeiten erübrigen sich genauere Erklärungen. So dürfte wohl niemand in allzu angestrengtes Nachdenken darüber verfallen, wer Wolfgang Amadeus Mozart oder Johann Wolfgang von Goethe waren. Bei anderen Autoren mag es dagegen nicht so einfach sein, den Fluchenden sofort historisch einzuordnen. Darum habe ich mich dazu entschlossen, nahezu alle zitierten „Flucher" in einem separaten Verzeichnis noch einmal mit ihren Lebensdaten und kurzen Informationen zu ihrer Person vorzustellen.

Zu einigen, aber längst nicht zu allen der zitierten Texte finden sich ein paar einleitende Erklärungen. Sämtliche Zitate zu erläutern wäre zum einen schon deshalb nicht möglich gewesen, weil es den Umfang dieses Buches gesprengt hätte, zum anderen ist in vielen Fällen der Kontext schlicht unerheblich. Denn das Anliegen dieser Sammlung ist es, Texte zusammenzutragen, die normalerweise eher im Giftschrank für verbotene Ausdrücke landen würden. Es geht aber nicht darum, diese Zitate literarhistorisch einzuordnen oder sie genauer wissenschaftliche zu analysieren.

Verfluchungen

Am Anfang des Fluchens stand nicht das Schimpfen, sondern das Ver-Fluchen. Und damit beginnt auch diese Reise durch die Welt der „klassischen" Flüche:

Aus dem „Mahábhárata", einem großen indischen Epos, entstanden zwischen dem 3. und dem 4. vorchristlichen Jahrhundert:

>> *Du bist ein Kindesmörder und ein Feigling. Du sollst die Folgen deiner Freveltaten erleiden. Dreitausend Jahre lang sollst du im Wald umherstreifen ohne einen Menschen, mit dem du sprechen könntest. Du sollst an einer ekelerregenden Krankheit sterben, und alle Menschen sollen dich meiden!*

SEITE AUS EINEM ALTEN MAHÁBHÁRATA-MANUSKRIPT

Aus dem Alten Testament

1. Buch Mose 3, 14 – 19:

> *Da sprach Gott der HERR zu der Schlange: Weil du das getan hast, seist du verflucht, verstoßen aus allem Vieh und allen Tieren auf dem Felde. Auf deinem Bauche sollst du kriechen und Erde fressen dein Leben lang. Und ich will Feindschaft setzen zwischen dir und dem Weibe und zwischen deinem Nachkommen und ihrem Nachkommen; der soll dir den Kopf zertreten, und du wirst ihn in die Ferse stechen. Und zum Weibe sprach er: Ich will dir viel Mühsal schaffen, wenn du schwanger wirst; unter Mühen sollst du Kinder gebären. Und dein Verlangen soll nach deinem Manne sein, aber er soll dein Herr sein. Und zum Manne sprach er: Weil du gehorcht hast der Stimme deines Weibes und gegessen von dem Baum, von dem ich dir gebot und sprach: du sollst nicht davon essen –, verflucht sei der Acker um deinetwillen! Mit Mühsal sollst du dich nähren dein Leben lang. Dornen und Disteln soll er dir tragen, und du sollst das Kraut auf dem Felde essen. Im Schweiße deines Angesichts sollst du dein Brot essen, bis du wieder zu Erde werdest, davon du genommen bist.*

Die „Fluchpsalmen"

Darunter versteht man biblische Gebete des Psalmenbuches (Altes Testament), in denen der Betende Gott um gewaltsame Vernichtung seiner Feinde anruft. Die Bezeichnung als „Fluchpsalm" stammt aus dem Mittelalter, heutzutage spricht man von „Feindpsalmen" oder „Vergeltungspsalmen". Hier ein Auszug aus dem 109. Psalm, 1 – 20:

> *Ein Psalm Davids vorzusingen. Gott, mein Ruhm, schweige nicht. Denn sie haben ihr gottloses Lügenmaul*

wider mich aufgetan. (…) Gib ihnen einen Gottlosen zum Gegner, und ein Verkläger stehe zu seiner Rechten. Wenn er gerichtet wird, soll er schuldig gesprochen werden, und sein Amt soll ein anderer empfangen. Seine Kinder sollen Waisen werden und sein Weib eine Witwe. Seine Kinder sollen umherirren und betteln und vertrieben werden aus ihren Trümmern. Es soll der Wucherer alles fordern, was er hat, und Fremde sollen seine Güter rauben. Und niemand soll ihm Gutes tun, und niemand erbarme sich seiner Waisen. Seine Nachkommen sollen ausgerottet werden, ihr Name soll schon im zweiten Glied getilgt werden. Der Schuld seiner Väter soll gedacht werden vor dem HERRN, und seiner Mutter Sünde soll nicht getilgt werden. Der HERR soll sie nie mehr aus den Augen lassen, und ihr Andenken soll ausgerottet werden auf Erden, weil er so gar keine Barmherzigkeit übte, sondern verfolgte den Elenden und Armen und den Betrübten, ihn zu töten. Er liebte den Fluch, so komme er auch über ihn; er wollte den Segen nicht, so bleibe er auch fern von ihm. Er zog den Fluch an wie sein Hemd, der dringe in ihn hinein wie Wasser und wie Öl in seine Gebeine; er werde ihm wie ein Kleid, das er anhat, und wie ein Gürtel, mit dem er allezeit sich gürtet. So geschehe denen vom HERRN, die wider mich sind und die Böses reden wider mich.

INITIALE ZU PSALM 69: MONSTER MIT VOGELLEIB. PSALTERIUM, NORDFRANKREICH, 13. JH. MAINZER KARTAUSE. STADTBIBLIOTHEK MAINZ

Bücherflüche

Das ist eine sehr spezielle Form der Verfluchung: Denn hier werden, sozusagen prophylaktisch, eventuelle Bücherdiebe verflucht. In heutiger Zeit, wo es an jedem Kiosk preiswerte Taschenbücher zu kaufen gibt oder wo sich der Lesestoff für noch weniger Geld auf einen eBook-Reader laden lässt, gehört diese Form des Verfluchens natürlich der Vergangenheit an. In früheren Zeiten aber, als Bücher oder – in noch fernerer Vergangenheit - Tontafeln den Status eines nahezu unerschwinglichen Luxusgutes hatten, war man gut beraten, sie bei dem zu lassen, dem sie gehörten, sonst drohte Folgendes:

Auf einer sumerischen Tontafel, viertausend Jahre alt:

> 99 *Wer diese Tafel bricht oder sie ins Wasser legt oder auf ihr herumschabt, bis man sie nicht mehr entziffern und verstehen kann, den mögen Assur, Sin, Shamash, Adad und Ishtar von Bit Kidmurri, die Götter des Himmels und der Erde und die Götter Assyriens mit einem Fluch strafen, der nicht mehr getilgt werden kann, schrecklich und gnadenlos, solange er lebt, und sein Name, seine Nachkommen sollen vom Land hinweggefegt und sein Fleisch den Hunden zum Fraß vorgeworfen werden.*

Aus dem 7. oder 8. Jahrhundert in Syrien

> 99 *Wer die Erinnerung (daran, dass das Buch dem Kloster gehört) ausradiert, dessen Name wird ausradiert aus dem Buch des Lebens.*

Lyon/Frankreich 9. Jahrhundert:

> 99 *Dies Buch ist dem Altar des Heiligen Stephan geweiht, gemäß dem Versprechen des Remigius, des demütigen Bi-*

schofs; mögen mit dem Gebrauchendem Gnade sein, dem freigiebigen Spender Vergebung zuteil werden, dem Dieb der Bannfluch!

England, aus dem Hochmittelalter:

99 *Wer auch immer es stiehlt, sei dem Anathema verfallen! Wer an dem Lied herummäkelt, sei verflucht. Amen.*
(Anathema = Exkommunikation)

England, Frühe Neuzeit:

99 *Wer ein Blatt umbiegt, den toastet der Teufel braun. Wer es markiert oder befleckt, den röstet der Teufel heiß. Wer dieses Buch stiehlt, den soll der Teufel sieden.*

Deutschland, 15. Jahrhundert:

(Die deutsch-lateinische Sprachmischung ist das Original, auf der rechten Seite findet sich die Übersetzung.)

Hic liber est mein	Dieses Buch gehört mir
Ideo nomen scripsi drein.	Deshalb habe ich meinen Namen herein geschrieben.
Si vis hunc librum stehlen	Wenn du dieses Buch stehlen willst,
Pendebis in der kehlen	wirst du an der Kehle hängen.
Tunc veniunt die raben	Dann kommen die Raben
Et volunt tibi oculos ausgraben	und wollen dir die Augen ausgraben/ ausreißen.
Tunc clamabis ach ach ach	Dann wirst du ach ach ach schreien.
Ubique tibi recte geschach.	Das alles geschieht dir recht.

Barcelona, vermutlich Spätmittelalter:

> 99 *Lass demjenigen, der es stiehlt oder ausborgt und nicht an seinen Besitzer zurückgibt, dieses Buch zu einer Schlange in seiner Hand werden und ihn zerfleischen. Lass ihn mit Lähmung geschlagen sein und alle seine Glieder verdorren. Lass ihn verschmachten im Schmerz, laut schreiend nach Gnade, und lass seine Leiden nicht nachlassen, bis er jammert im Verfall. Lass Bücherwürmer seine Eingeweide zernagen im Zeichen des Lindwurms, der nicht stirbt, und wenn er schließlich seiner letzten Strafe entgegengeht, lass die Flammen der Hölle ihn verzehren für immer.*

Flüche und Ordinäres (geordnet nach Epochen)

Antike

Ausgesprochen beeindruckend geschimpft wird in den Texten der griechischen und der lateinischen Klassiker. Oft sind es dabei weniger die einzelnen Wörter, die sich ohnehin nur ihrem Sinn nach ins Deutsche übertragen lassen, als vor allem der gesamte Satz, der zu einer Beschimpfung wird.

Da man aber im Deutschen eben immer eine Entsprechung finden muss, die dem Sinngehalt des Originals gerecht wird, folgt im Anschluss an einige der Schimpfkanonaden jeweils noch eine weitgehend wortgetreue Übertragung der Begriffe ins Deutsche.

Die Zitate sind größtenteils zeitlich chronologisch angeordnet. Einige der Beschimpfungen wurden auch nach Themen zusammengefasst.

Die alten Griechen

Aristophanes

Wir beginnen mit einem der wahrscheinlich bekanntesten Komödiendichter der Antike, mit Aristophanes und seinem berühmten Frauenaufstand: Die Frauen, allen voran die Titelheldin „Lysistrate", haben das ewige Kriegführen ihrer Männer satt und drohen mit Liebesstreik.

Hier also zwei Auszüge aus Aristophanes' Komödie „Lysistrate":

Zunächst einmal der Schlagabtausch von Chorführer und Chorführerin:

> **99** *Chorführer: Da stoßen uns ja Händel auf, ei, ei, ganz unerwartet!*
> *Ein Schwarm von Weibern kommt daher, die Tore zu verteid'gen!*
>
> *Chorführerin: Ihr fürchtet euch vor uns, nicht wahr? Wir sind euch allzu viele,*
> *Und doch ist's kein Zehntausendstel von uns, was ihr hier sehet!*
>
> *Chorführer zu einem vom Chor: Hör, Phaidrias, das lassen wir uns von den Weibern sagen?*
> *Kommt, lasst auf ihrem Leib uns gleich entzwei die Knüttel schlagen!*
>
> *Chorführerin: So? – Stellen wir zu Boden auch die Krüg', um frei die Arme*
> *Zu haben, wenn sie Hand an uns zu legen sich erfrechen!*
>
> *Chorführer: Beim Zeus! Wenn einer ihnen, wie dem Bupalos, zwei-, dreimal*
> *Nur schlug' auf Maul und Backen, oh, sie würden bald verstummen!*

Chorführerin: Ei wie? So schlag doch zu, da sieh, ich biete dir die Wange!
Dann aber nimmt am Hodensack nie wieder dich 'ne Hündin!

Chorführer: Schweigst du nicht still, so werd' ich jung dich rupfen, alte Vettel!

Chorführerin: Komm, wag's mit einem Finger nur, Stratyllis zu berühren!

Chorführer: Wenn meine Faust sie malmt zu Brei, wie willst du dann sie rächen?

Chorführerin: Ich? – Mit den Zähnen reiß' ich Lung' und Darm dir aus dem Leibe!

Chorführer: Ja, weiser als Euripides ist auf der Welt kein Dichter!
Schamloser aber kein Geschöpf auf Erden als die Weiber!

Und nun kommt die Titelheldin höchstpersönlich zu Wort:

„ *Lysistrate: Ganz unnöt'ge Mühe!*
Ich komme selbst heraus! – Wozu die Stangen?
Nicht Stangen – nein, Verstand bedarf es hier!

Ratsherr: So? Wirklich, Schändliche? Wo ist der Scherge?
Pack sie und bind' die Hand' ihr auf den Rücken!

Lysistrate: Rührt er mich an, nur mit der Fingerspitze,
Bei Artemis, der Scherge soll's bereu'n!

*Ratsherr zum Schergen: Kerl, hast du Furcht? Gleich packt
sie um den Leib!*
Ihr werdet doch selbzweit sie knebeln können?

Eine andere Frau: Du, legst du Hand an sie, bei Pandrosos!
Ich tret' auf dir herum, bis dass du kackst!

Ratsherr: ›Du kackst!‹ Ei sieh! – Wo ist der andre Scherge?
Gleich packt sie! – Hängt auch die ihr Maul noch drein?

Dritte Frau: Die Hand davon! Wenn du sie nur berührst,
Bei Hekate, so musst du heut noch schröpfen!

Ratsherr: Was war das? – Kerl, wo bist du? Halt mir die!
Ich will euch schon den Ausgang hier versperren!

Lysistrate: Bei Tauris' Göttin, nahst du ihr, ich reiß'
Dir aus die wehgeheulumstöhnten Haare!

*Ratsherr: O weh, die Mannschaft geht mir aus! – Gleich-
viel!*
Vor Weibern werden wir doch wohl nicht weichen!
Wir rücken auf sie los vereint, ihr Skythen,
In Reih und Glied!

Lysistrate: Dann, bei Demeter, sollt
Ihr finden, dass auch hier bei uns, dort innen
Vier Kompanien streitbare Weiber sind!

Ratsherr: Die Hände bindet ihnen, schnell, ihr Skythen!

*Lysistrate (reißt das Tor wieder auf): Hallo, ihr Waffen-
schwestern, kommt heraus,*
Ihr Rübenkohlgemüsebutterweiber,

Ihr Zwiebelkäsebäckerkneipenfrau'n,
Rauft, schlaget, stoßet, kratzt, zu Hilfe, zu Hilfe!
Schreit, schimpfet, flucht, schweinigelt, spuckt sie an!

Und noch einmal Aristophanes, dieses Mal mit einer Selbstbeschimpfungskanonade des Bauern Strepsiades aus den „Wolken":

99 *Das tu' ich im vollen Vertrauen auf euch: ich muss —*
denn ich steck' in der Klemme,
Ruiniert durch die Füchs' und die Rappen, und dann durch
die unglückselige Heirat.
Ich gehöre den Herrn mit Leib und Seel':
Was sie wollen, ich tu's und ich trag' es ja gern,
Durst, Hunger und Prügel und Hitz' und Frost!
Ja, lasst sie das Fell mir vom Leibe ziehn!
Und studier' ich mich nur aus den Schulden heraus,
Tituliere mich dann nach Belieben die Welt:
Frech, naseweis, grob, maulfertig, infam,
Unflat, Aufschneider und Lügenschmied,
Rechtsfälscher, mit allen Hunden gehetzt,
Schwadroneur, Windfahne, Fuchs, Klappermaul,
Nasrümpfer, Scharwenzler, aufdringliche Klett',
Aas, Neidhard, Galgenstrick, Lumpenhund,
Arschleckergesicht."

Kritisches der Philosophen

So derb wie in den Komödien ging man in der Philosophie natürlich nicht mit seinen Gegnern ins Gericht. Aber ganz unkritisch war man auch nicht:

Auszug aus **Xenophons** Erinnerungen an Sokrates:

99 *Hierauf erwiderte Sokrates: Bei uns, Antiphon, gilt die*
Ansicht, dass man von der Schönheit wie von der Weisheit

einen ehrenwerten wie schimpflichen Gebrauch machen kann. Wenn einer seine Schönheit jedem Beliebigen für Geld verkauft, so nennt man ihn einen Hurenbock, wenn aber einer einen solchen, von dem er weiß, dass er ein rechtschaffener Liebhaber ist, sich zum Freunde macht, so halten wir den für ehrbar. Ebenso ist es mit der Weisheit: die, welche sie für Geld an jeden Beliebigen verkaufen, heißen Sophisten (gleichsam Hurenböcke); wer aber denjenigen, von dem er weiß, dass er gut beanlagt ist, alles Gute lehrt, was er weiß, und ihn dadurch sich zum Freunde macht, von dem glauben wir, dass er das tue, was einem edlen und rechtschaffenen Bürger ziemt.

Lateinische Flüche und Beschimpfungen

Aus dem Fragment einer Komödie des **Naevius**:

> **99** *Du Schlimmster aller Schlimmen, frecher Kerl, Vielfraß, Sumpfhuhn, Würfelspieler!*

Im Original:
Pessimorum pessime, audax, ganeo, lustro, aleo!

Eine äußerst ergiebige Quelle für lateinische Flüche sind die Komödien des Dichters **Titus Maccius Plautus**.

Auszug aus dem „Pseudolus" des Plautus
Der folgende Dialog wird zwischen dem Bordellwirt (Ballio/B) und den beiden Männern Calidorus/C und Pseudolus/P geführt:

P: Iam ego te differam verbis meis, inpudice!

P: *Gleich werde ich dich mit meinen Worten in der Luft zerreißen; Lustmolch!*

B: Ita est.

B: *Stimmt.*

C: Sceleste!

C: *Schuft*

B: Disis vera.

B: *Du sagst die Wahrheit.*

P: Verbero!

P: *Lumpenhund!*

B: Quippini?

B: *Warum auch nicht?*

C: Bustirape!

C: *Leichenfledderer!*

B: Certo.

B: *Gewiss doch.*

P: Furcifer!

P: *Galgenschwengel!*

B: Factum optume.

B: *Prima.*

C: Sociofraude!

C: *Kameradenbescheißer!*

B: Sunt mea isteac.

B: *So bin ich nun mal.*

P: Parricida!

P: *Vatermörder!*

B: Perge tu!

B: *Mach nur weiter!*

C: Sacrilege!

C: *Kirchenschänder!*

B: Fateor.

B: *Gebe ich zu.*

P: Periure!

P: *Meineidbauer!*

B: Vetera vaticinamini.

B: *Ihr wärmt alte Geschichten auf.*

C: Legirupa!

C: *Gesetzesbrecher!*

B: Valide.

B: *Stark!*

P: Permities adulescentium!

P: *Jugendverderber!*

B: Arrume.

B: *Ganz richtig!*

C: Fur!

C: *Dieb!*

B: Babae!

B: *Super!*

P: Fugitive!

P: *Drückeberger!*

B: Bombax!

B: *Bravo.*

C: Fraus populi!

C: *Volksbetrüger!*

B: Planissume.

B: *Das war deutlich!*

P: Fraudulente!

P: *Hinterlistiger Kerl!*

C: Impure leno!

C: *Schmutziger Bordellwirt!*

P: Caenum!

P: *Dreckstück!*

B: Cantatores probos!

B: *Ihr seid tüchtig im Duett.*

43

DER KOMÖDIENDICHTER TITUS MACCIUS PLAUTUS ZÄHLT ZU DEN
BEKANNTESTEN DRAMATIKERN DER ANTIKE

Auszug aus der „Aulularia" des Plautus:

99 *Komm raus, du Wurm, der du eben in die Erde ge-
krochen bist, der du eben noch nirgends zu sehen warst,
aber nun, wenn du vorkommst, verreckst! Bei Gott, ich will
dich, du Gauner, gleich übel empfangen.*

Auf Lateinisch:
I foras, lumbrice, qui sub terra erepsisti modo, qui modo nusquam
comparebas, nunc quam compares peris! Ego edepol te, praestrigi-
ator, miseris iam accipiam modis!
(Neben dem einfachen Wurm, dem „lumbricus" gibt es bei Plautus an anderer Stelle übrigens noch die „circuliunculi minuti", die
„lächerlichen Kornwürmchen".)

Noch einmal Plautus, aus der „Mostellaria":

99 *Du stinkst nach Knoblauch, du Hosenscheißer, Bau-
ernlümmel, Bock, du Schweinestall, nach Hund und Ziege
zusammen!*

Auf Lateinisch:
Oboluisti alium, germana inluvies, rusticus, hircus, hara suis,
canem, capram commixtam!
(Die „Germana involves" ist zu Deutsch der „unvermischte
Dreck", die „reine Scheiße".)

Und wieder Plautus, aus dem „Persa"
Hier beschimpft der Sklave Toxilus den Bordellwirt Dordalus
folgendermaßen:

> **„** *Oh, du Dreckszuhälter, mit Scheiße gut durchmischter Dorfmisthaufen, schmutziger Kerl, ehrloser, rechtloser, gesetzloser, du Schandfleck des Volks, Geldgeier, gieriger und neidischer, zudringlicher, diebischer, räuberischer – selbst in dreihundert Versen kann niemand deine Gemeinheiten ganz aufzählen!*

O lutum lenonium, commixtum caeno sterculinum publicum, impure, inhoneste, iniure, inlex, labes populi, pecuniai accipiter avide atque invide, procax, rapax, trahax – trecentis versibus tuas inpuritias traloqui nemo potest!

(Der „lutum lenonium“ ist wörtlich übersetzt der „Bordellwirtsdreck“.)

Ein zweites Mal „Persa“ des Plautus, hier heißt es:

> **„** *Du bester Mann der Stadt, du ganzer Stall von Sklaven, Hurenbefreier, Schwitzbad für die Peitsche, Fußfesselschinder, in allen Tretmühlen daheim, du Dauersklave, Wüstling, Fresser, Dieb, Ausreißer (…)!*

Oder im Original:
Vir summe populi, stabulum servitricium, scortorum liberator, suduculum flagri, compedium tritor, pistrinorum civitas, perenniserve, lurcho, edax, furax, fugax (…)!

Aus dem „Amphitruo“ des Plautus

> **„** *Du Prügelsuppe! Du fragst mich immer noch, wer ich bin, du Höllenstrom der Ruten? Gleich heute werde ich dich wegen deiner frechen Reden von Schlägen brennen lassen.*

Verbero, etiam, quis sim, me rogitas, ulmorum Acheruns, quem pol ego hodie ob istaec faciam ferventem flagris!

Wieder Plautus, aus dem „Curculino":

> 99 *Was sagst du, Mistvieh? (…) Versumpftes Luder, lächerliches Stück!*

„Quid ais, propodium? (…) Ebriola persolla, nugae!"

Catull

Kommen wir nun zu einem weiteren prominenten Fluchenden der lateinischen Antike, zum Dichter Catull. Er ist in seinen Texten alles andere als vorsichtig mit seinen Kontrahenten umgegangen.

Catull, Gedicht Nr. 14

> 99 *Denn was hab ich verbrochen, was geredet / Dass durch diese Poeten du mich umbringst?/ Strafen sollen die Götter den Klienten, / der dir solch einen Haufen Schund geschickt hat! / (…) Doch verflucht! So ein schauerliches Machwerk, / das du deinem Catull geschickt hast (…) Doch ihr – fort und hinaus mit euch, woher ihr seid unglücklicherweise hergekommen, Plagen unserer Zeit, ihr Schundpoeten.*

Und hier das lateinische Original:

Nam quid feci ego quidve sum locutus, / cur me tot male perdere poetis? / ist di mala multa dent clienti, / qui tantum tib misit impiorum. (…) Di magni, horribilem et sacrum libellum, / quem tu scilicet ad tuum Catullum (…) Voc hinc interea valete, abite / illunc, unde malum pedem attulistis, / saecli incommoda, pessimi poeti.

Catull, Gedicht Nr. 15

> 99 *Falls dir je ein Besitz von Herzen lieb war, / Den du unberührt rein zu haben wünschtest, / Dann bewahre mir züchtig diesen Knaben, / Nicht vorm Volk etwa, denn ich fürchte nicht die, / Die auf Gassen und Straßen eilen, in den / Köpfen eigene Angelegenheiten. / Nein, bewahr ihn vor dir und deinem Penis, / Der die Guten nicht schont und nicht die Schlechten. / Wo und wie du es willst, / Kannst du ihn schwenken, / Und wie oft du es willst, nur nicht im Hause! / Diesen einen nimm aus, ich bitt, in Ehren! / Wenn dich Torheit und Wahnsinn treiben sollen / Frevlen Sinnes in solche Schuld zu fallen / Mich mit listiger Tücke so zu reizen, / O, dann wird es recht übel dir ergehen: / Angewinkelt die Beine sollen durchs offene Loch dir Rettich und Fische durchmarschieren!*

(...) si quiquam animo tuo cupisti, / quod castum expeteres et integellum, / conserves puerum mihi pudice, / non dico a populo: nihil veremur / istos, qui in platea modo huc modo illuc / in re praetereunt sua occupati; / verum a te metuo tuoque pene / infesto pueris bonis malisque. / quem tu qua lubet, ut lubet, moveto / quantum vis, ubi erit foris paratum. / hunc unum excipio, ut puto, pudenter. / quodsi te mala mens furorque vecors / in tantam impulerit, sceleste, culpam, / ut nostram insidiis caput lacessas, / a, tum te miserum malique fati, / quem attractis pedibus patente porta / percurrent raphanique mugilsque!

(Catull, Gedicht Nr. 16)

> 99 *Ich werd unten und oben euch traktieren, / Männerhuren, Aurel und Furius, beide.*"

Pedicabo ego vos et irrumabo, / Aureli pathice et cinaede Furi, (...)

Catull, Gedicht Nr. 33

> *He, du cleverster aller Bäderdiebe, / Papa Vibennius mit dem schwulen Söhnchen.*

O furum optime balnearium, / Vibenni pater et cinaede fili!

(Catull, Gedicht Nr.37)

> *Du Hurenkneipe, ihr dazu, ihr Saufbrüder, / Neun Pfeiler von den Brüdern mit den Spitzhauben, / Glaubt ihr, dass ihr allein nen richtigen Schwanz hättet / Und ihr bei allen Mädchen dürft herumhuren / Und meinen, dass die anderen seien Stinkböcke?*

(Die „Hurenkneipe" nennt sich im Original „salex taberna" und die „contubernales" sind mit „Saufbrüder" übersetzt worden.)

(Catull, Gedicht Nr. 98

> *Für dich gilt wie für keinen, schamloser Victius dieses, / Wenn man Schwätzern was sagt, reden sie bloß dummes Zeug: / Mit deiner Zunge könntest du, wenn es gerade drauf ankommt, / Lecken den blanken Arsch oder den ledernen Schuh. / Victius, willst du uns alle ermorden, so sperre dein Maul auf: / Was du damit gewollt, völlig erreichst du es dann.*

In te, si in quemquem, dice pote, putide Victi, / id quod verbosis dicitur et fatuis: / ista cum lingua, si usus veniat tibi, possis / culos et crepidas lingere carpatinas. / si nos omnino vis omnes perdere, Victi, / hiscas: omnino quod cupis efficies.

Catull an …

… Caesar: Cineade Romule – *Schwuler Romulus*

… Caesar: Impudicus et vorax et aleo – *Lüstling, Fresser, Glücks-spieler*

… ein Mädchen mit dem Namen Ameana: Ameana puella de-futata – *Ameana, du ausgebumstes Ding/Mädchen.*

Auszüge aus dem „Satyricon", einem Schelmenroman des **Petron**

Die Zitate entstammen einem Ehestreit zwischen Trimalchio und seiner Frau Fortunata: Sie nennt ihn einen „Purgamentus" (*Dreck-sack*) und „dedecus" (*Schandkerl*) und schließt ihre Beschimpfung mit „Canis" (*Hund*). Worauf er mit „Ambubala" (*Schlampe*) und „Machilla" (*Miststück, eigentlich: Nachttopf*) kontert.

Weiter ereifert sich der Ehemann:

> **99** *Wer im Bordell auf die Welt gekommen ist, der kann sich selbst im Traum keine Villa vorstellen! So wahr ich will, dass mein Schutzengel auf mich aufpasst, ich sorge schon dafür, dass die gestiefelte Hexe da eins auf den Deckel kriegt. (…) So wäre es dir also recht, Miss Möchtegern? Ich rate dir, denk nach, wie gut du es hast, du Nebelkrähe, und lass es nicht so weit kommen, dass ich dir die Zähne zeige, du Flittchen. (…)*

Im Originalwortlaut klingt das dann so:

Sed hic, qui in pergula natus est, aedes non somniatur. Ita genium meum propitium habeam, curabo, domata sit cassandra caligaria! Ita tibi videtur, fulcipedia? Suadeo, bonum tuum, conconquas, milva, et me non facias ringentem, amasiuncula!

Die (mehr oder weniger) wörtliche Übersetzung der Begriffe hieße hier übrigens:

Cassandra caligaria: *Cassandra mit den Soldatenstiefeln*
milva: *Gabelweihe*
Amasiuncula: *Verkleinerung der „Geliebten"*

Noch einmal aus dem „Satyricon" des Petron:

> 99 *Du Säugling, sagst weder Muh noch Mäh, hast nichts im Hirn, bist durchweicht wie ein Riemen im Wasser.*

Tu lacticulosus, nec mu nec ma argutas, vasus fictilis, immo lorus in aqua!

Cicero in seiner „Oratio in PIsonem" (9,19) über Lucius Calpurnius Piso, den Vater Caesars:

> 99 *Ich hätte mich auf den Rat und die Hilfe dieses Schafskopfs, dieses stinkenden Stücks Fleisch verlassen wollen? Von diesem weggeschmissenen Aas hätte ich irgendwelche Unterstützung und Förderung erwartet? Nach einem Konsul suchte ich damals, nach einem Konsul, sage ich, aber nicht nach dem, den ich in diesem kastrierten Eber hätte finden können (…)*

Im Originalwortlaut klingt das so:
Ego istius pecudis ac putidae carnis consilio scilicet aut praesidio volebam niti? Ab hoc eiecto cadavere quidqam mihi aut optis aut ornamenti expetebam? Consulem ego tum quarebam, consulem, inquam, non illum quidem, quem in hoc maiali invenire non possem (…)

Aus den Wandkritzeleien in **Pompeji**
imanis mentula – *ungeheurer Schwanz (geiler Kerl)*

Politikerbeschimpfung im alten Rom

Gegen die Politikerbeschimpfung der römischen Antike nimmt sich alles, was sich unsere heutigen Staatsoberhäupter an den Kopf werfen, ziemlich harmlos aus. Vor allem gilt heute: Privatleben, erst recht Intimleben, ist eben genau das, was das Wort sagt: nämlich privat. Zwar nicht in den Medien, wohl aber in der direkten politischen Auseinandersetzung.

Anders sah man das dagegen bei den Römern. Kaum etwas eignete sich dort so gut dazu, einen Gegner unmöglich zu machen, wie sein – reales oder ausgedachtes – Sexualleben in die Öffentlichkeit zu zerren.

Wir beginnen mit **Catull**, aus dem 57. Gedicht.

> 99 *Prächtig harmonieren die üblen Schwulen, Mamurra, der warme Bruder, und sein Caesar. Na, kein Wunder, denn gleiche Makel sind den beiden, dem in Rom, in Formiae jenem, unauslöschlich eingeprägt. Gleich abartig veranlagt sind sie beide, Zwillingsbrüder, auf einer Pritsche eingewiesen, ebenso geil als Lustmolch der wie jener; Konkurrenten und Kameraden bei den Nüttchen. Prächtig harmonieren die üblen Schwulen.*

(Der hier zitierte Mamurra war ein Günstling Caesars)

Und hier das Original:

Pulcre convenit improbis cinaedis / Mamurrae pathicoque Caesarique. / Nec mirum: Maculae pares utrisque, / urbana altera et illa Formiana, / impressae resident nec eluentur: / morbosi pariter gemelli utrique / uno in lectulo erudituli ambo, / non hic quam ille magis vorax adulter, / rivales socii et puellularum. / - Pulcre convenit improbis cinaedis!

Cicero, aus den Philippinischen Reden

Der neben Mamurra von Catull ebenfalls angegriffene Cicero war mit seinen Gegnern selber allerdings auch nicht gerade zimperlich, wie sich in seinen „Philippicae orationes", den philippinischen Reden zeigt. Hier greift er Marcus Antonius an.

Zunächst nennt er ihn ein „vulgare scortum", eine „Nutte für jedermann". Dann kommentiert er dessen Bindung an einen gewissen Curio folgendermaßen:

> **„** *Wie oft hat dich sein Vater aus dem Haus geworfen! Wie oft hat er Wachen aufgestellt, dass du ihm nicht über die Schwelle kämest, während du trotzdem im Schutz der Nacht, weil deine Lüsternheit dich trieb und der Lohn dich lockte, durch die Dachziegel geschlüpft bist!*

Quotiens te pater eius domu sua eiecit! Quotiens custodes posuit, ne limen intrares, quum tu tamen nocte socia, hortante libidine, cogente mercede per tegulas demitterere!

(Marcus Antonius war nach diesem und anderen Angriffen seinerseits übrigens auch ziemlich unversöhnlich: Im Jahr 43 v. Chr. ließ er Cicero auf der Flucht erschlagen, den verstümmelten Leichnam ließ er durch die Straßen Roms tragen.)

Und in einer gefälschten Anklage des Sallust gegen Cicero heißt es:

> **„** *Allenthalben gibt sich Cicero als Beschützer der Gesetze, der Gerichte, des Staatswesens und spielt sich in diesem hohen Haus so auf, als wäre er der letzte Spross aus der Familie des unvergleichlichen Scipio Africanus und nicht ein von der Straße aufgelesener Fremder, der sich erst vor kurzem unter die Bürger dieser Stadt gestohlen hat.*

Sind etwa deine Reden und Taten unbekannt, Cicero?
Hast du nicht von Jugend an so gelebt, dass du nichts für
schimpflich hieltest, was irgendeiner mit dir anstellen woll-
te? Oder hast du diese deine maßlose Eloquenz dir bei
Piso so gründlich angeeignet, ohne mit dem Verlust deines
Anstands dafür zu zahlen? So braucht es einen nicht zu
wundern, wenn du sie schimpflich verschacherst, die du in
Schande erworben hast.
Doch der Glanz deines Hauses lässt dir, so mein ich, den
Kamm schwellen: Deine Frau, gotteslästerlich und von
Meineiden besudelt, die Tochter, Nebenbuhlerin der Mut-
ter, zu dir netter und gefälliger, als es sich gegenüber dem
Vater gehört!
Dein Haus selbst hast du mit Gewalt und Raub an dich
gebracht, dir und den Deinen zum Fluch (…).

Und wieder das lateinische Original:

Ubiubi M. Tullius leges, iudicia, rem publicam defendit atque in
hoc ordine ita moderatur, quasi unus reliquus e familia viri clarissimi
Scipionis Africani ac non reperticius, accitus ac paulo ante insitus
huic urbi civis.

An vero, M. Tulli, facta tua ac dicta obscura sunt? An non ita a
pueritia vixisti, ut nihil flagitiosum corpori tuo putares, quod alicui
collibuisset? Aut scilicet istam immoderatam eloquentiam apud M.
Pisonem non pudicitae iactura perdidicisti? Itaque minime mirand-
um est, quod eam flagitiose venditas, quam turpissime parasti.

Verum, ut opinor, splendor domesticus tibi animos tollit: Uxor
sacrilega ac periuriis delibuta, filia matris paelax, tibi iucundior atque
obsequentior quam parenti par est. Domum ipsam tuam vi et rapinis
funestam tibi ac tuis comparasti (…)

Florilegium

Um nach all den Flüchen auch einmal einen „schönen" lateinischen Ausdruck zu bemühen, folgt hier ein „Florilegium", eine „Blütenlese" - der besten lateinischen Schimpfwörter. Es kann all denen nützen, die ihr Repertoire an Flüchen um ein paar erweitern möchten, die ihr Gegner im Zweifelsfall nicht versteht.

Amasiuncula	*Flittchen*
cacatus / -a / -um	*scheiß- (als Vorsilbe zu allerhand Ergänzungen, wie auch im Deutschen)*
cacator / stercorator	*Scheißer*
Caenum / sordes	*Dreckstück*
Carnifex	*Henker*
Cineadus	*Schwuler*
cinex	*Wanze*
erraticus	*Penner (eigentlich: umherirrend)*
frustrum pueri	*Knirps (wörtl: Brösel eines Jungen)*
furcifer	*Gabelträger*
hircus	*alter Bock*
mentula	*Schwanz*
merda	*Scheiße*
muliebris patientiae scortum	*Schwuchtel*
scortum/lupa	*Nutte*
sentina	*Abschaum*
spado	*Kastrat*
stolidus	*Trottel*
stultissimus	*Blödmann*
sus lutulenta	*Drecksau*
monstrum	*Ungeheuer*
verbero	*Prügelknabe*

Und abschließend zu einigen der Begriffe etwas genauere Erklärungen zur Herleitung ihrer Übersetzung:

Carnifex – Henker. Das ist für sich betrachtet noch kein Schimpfwort. Da der Henker aber einen gesellschaftlich verachteten Beruf ausübte, wurde der Begriff auch als Beschimpfung für Sklaven verwendet.

Furcifer – Gabelträger. Gemeint ist hier ein Delinquent, der zur Auspeitschung oder auch zur Kreuzigung an ein V-förmiges Stück Holz gebunden wurde. In den lateinischen Komödien ist der Begriff eine der gängigen Beschimpfungen für Sklaven.

Verbero – frei übersetzt: Verprügelter, von lat. Verbera (Plural): die Schläge. Auch das ist eine der gängigen Bezeichnungen für Sklaven in den lateinischen Komödien.

Vom Späten Mittelalter bis ins
19. Jahrhundert

Spätmittelalter

Aus dem Fastnachtsspiel des Nürnbergers **Hans Rosenplüt** über unverheiratete Frauen:

> ,, *Was heur von meyden ist überblieben und verlegen,*
> *die seyn gespant in den pflug und in die egen,*
> *das sie darinne zyehen müssen*
> *und darinne offenlich puessen,*
> *das sie seyn kimen zu iren tagen.*
> *Fut, ars, tutten vergessenß tragen.*

(Die Jungfrauen, die bis jetzt übrig geblieben sind, die sind in Pflug und Egge gespannt. Darin müssen sie ziehen und öffentlich büßen, dass sie zwar heiratsfähig sind, Scheide, Arsch und Titten aber umsonst tragen.)

Hans Sachs

> ,, *Schelm, Unflat, Lass zufrieden mich!"(ohne Quellen-*
> *angabe)*

Frühe Neuzeit

Martin Luther

Legendär geworden sind die derben Aussprüche des Reformators Martin Luther. Er hatte ein paar erklärte Lieblingsfeinde oder gleich ganze Feindgruppen und hielt sich mit seiner Meinung über sie nicht unbedingt zurück: Bauern, Juristen, Hexen ... alle bekamen ihren Teil an der Kritik ab. Allerdings war Luther, für seine Zeit nicht untypisch, auch erklärter Antisemit. Würde man hier suchen, so ließe sich ein ausgesprochen großes Arsenal an Beschimpfungen finden. Ich habe mich allerdings dafür entschieden, die entsprechenden Äußerungen nicht in die Sammlung aufzunehmen.

Aber auch bei den abgedruckten Zitaten ist die Grenze zwischen dem, was wir aus heutiger Sicht eventuell als unterhaltsam empfinden, und dem, was uns auch jetzt nur mit Mühe ein Lächeln abringt, bisweilen fließend. Der große Reformator war eben nicht nur ein Neuerer, er war auch ein rhetorisch höchst begabter Hetzredner.

MARTIN LUTHER IN EINER ZEICHNUNG VON LUCAS CRANACH D.J. AUS DEM JAHR 1529

Über Juristen

> „ *Denn ein Jurist / der nicht mehr denn ein Jurist ist / ist ein arm Ding / Was ist Jus? (welches Wörtlein im Latein auch eine Suppe heißt) und sind die Juristen nur Suppenfresser / denn sie disputieren nur von Dreckhändeln*

/ vom 7. Gebot / Du sollst nicht stehlen / und dergleichen zeitlichen Dingen.

Über die Ehe

99 *Denn eheloser Stand, Zölibat und Hurerei sind für die Welt Pestilenz und Gift.*

Über Hexen

99 *Ich will kein Mitleid für diese Hexen. Ich wünsche, dass man sie Stück für Stück verbrenne. (Aus den Tischreden)*

Und ein zweites Mal zu den Hexen

99 *Die Zauberinnen sollen getötet werden, weil sie Diebe sind, Ehebrecher, Räuber, Mörder (...) Sie schaden mannigfaltig. Also sollen sie getötet werden, nicht allein, weil sie schaden, sondern auch, weil sie Umgang mit dem Satan haben. (Aus einer Hexenpredigt vom 6. Mai 1526)*

Über Frauen

99 *Eine Frau hat häuslich zu sein, das zeigt ihre Beschaffenheit an; Frauen haben nämlich einen breiten Podex und weite Hüften, dass sie sollen stille sitzen.*

Über aufständische Bauern

99 *Es ist eine verdammte, verfluchte Sache mit dem tollen Pöbel. Niemand kann ihn so gut regieren wie die Tyrannen. Die sind der Knüppel, der dem Hund an den Hals gebunden wird. Könnten sie auf bessere Art zu regieren*

sein, würde Gott auch eine andere Ordnung über sie gesetzt haben als das Schwert und die Tyrannen. Das Schwert zeigt deutlich an, was für Kinder es unter sich hat, nämlich nichts als verdammte Schurken, wenn sie es zu tun wagten. Darum rate ich, dass ein jeder, der hier mit einem guten Gewissen handeln und das Rechte tun will, mit der weltlichen Obrigkeit zufrieden sei und sich nicht an ihr vergreife.

Noch einmal über aufständische Bauern

99 *Drum soll hier zuschmeißen, würgen und stechen, heimlich oder öffentlich, wer da kann, und gedenken, dass nichts Giftigeres, Schädlicheres, Teuflischeres sein kann denn ein aufrührerischer Mensch, gleich als wenn man einen tollen Hund totschlagen muss: Schlägst du nicht, so schlägt er dich und ein ganz Land mit dir.*

Über den Papst

99 *So hab ich doch (...) das erste Stück (...) so klar und gewaltig ausgeführt, dass gottlob kein gut christlich Gewissen anders glauben kann, denn dass der Papst nicht sei noch sein kann das Haupt der christlichen Kirche, noch Statthalter Gottes oder Christi, sondern ist das Haupt der verfluchten Kirche der allerärgsten Buben auf Erden, ein Statthalter des Teufels, ein Feind Gottes, ein Widersacher Christi und Zerstörer der Kirche Christi, ein Lehrer aller Lügen, Gotteslästerung und Abgöttereien, ein Erzkirchendieb und Kirchenräuber der Schlüssel, aller Güter beider, der Kirchen und der weltlichen Herrn, ein Mörder der Könige und Hetzer zu allerlei Blutvergießen, ein Hurenwirt über alle Hurenwirte und aller Unzucht, auch die nicht zu nennen ist, ein Widerchrist, ein Mensch der Sünden und Kind des Verderbens, ein rechter Werwolf.*

Gegen die Katholiken allgemein

> 99 *Solches wollen weder Papst noch Bischöfe hören; denn sie sehen wohl, was daraus folgen würde, nämlich, das Stifte und Klöster, Messe und all ihr falscher Gottesdienst nicht lange stehen würden; darum halten sie so steif und fest darüber: mehr um des Bauches willen, der andere und geringere Teil darum, weil sie dadurch hoffen selig zu werden. Solches tut Johannes nicht, Paulus auch nicht, die wollen ihre Gerechtigkeit und Heiligkeit nicht behalten. Also sollen auch alle Christen tun, mit Paulus sagen: Meiner Heiligkeit ist ein stinkender Unflat und Dreck; und mit Johannes: Meine Heiligkeit ist ein Lumpen, wenn ich sie gegen die Heiligkeit und die Werke Christi rechnen will. Aber die Katholiken wollen weder Kot noch Lumpen in ihren Messen, Gelübden, Fasten, Beten sein, schlagen uns darüber tot, dass wir es nicht mit ihnen halten und die Leute auf einen anderen und besseren Weg weisen. Nun, es ist ein Otterngezücht, da nimmermehr etwas Gutes aus wachsen kann, sie werden es finden, was sie suchen. Last aber uns ja sehen auf den Mund und Finger Johannes, da er uns mit zeuget und weiset, auf das wir unseren Herrn und Seligmacher, Jesum Christum, nicht übersehen und nicht seiner fehlen sollen, da er so fleißig und treulich und zu ihm leitet und weiset, dass wir selig werden.*

16. Jahrhundert

Miguel de Cervantes Saavedra, aus „Der sinnreiche Junker Don Quijote von der Mancha", Buch 2, Kap. 14

> 99 *O wie wenig versteht Ihr von Lobeserhebungen, Herr Schildknappe!", entgegnete der vom Walde. „Wie? Ihr wisst nicht, wenn ein Edelmann im Zirkus dem Stier einen tüch-*

tigen Lanzenstoß versetzt hat oder wenn sonst jemand sonst etwas gut vollbracht hat, dass da das Volk zu sagen pflegt: O der Hurensohn, o der Hurenkerl,–wie gut hat er seine Sache gemacht! Und was in diesem Ausdruck wie ein Schimpf aussieht, das ist gerade ein ganz besonderes Lob. So müsst Ihr wahrhaftig Eure eignen Söhne oder Töchter verleugnen, Señor, wenn sie sich nicht so aufführen, dass man ihren Eltern dergleichen Lobsprüche erteilen kann.

William Shakespeare

Auch in den Schauspielen William Shakespeares wurde zum Teil gründlich geflucht. Hier eine kleine Auswahl:

Aus „Die Irrungen oder die doppelten Zwillinge"

> **,,** *Geh' zum T** du Galgenschwengel! Willst du mich rasend machen?*

Aus „König Lear"

> **,,** *Wirfst du mir Blicke zu, du Hundsfott?*

Aus „König Heinrich V.

> **,,** *Wenn er auch ein so guter Edelmann wie der Teufel ist, wie Luzifer und Beelzebub selbst, so ist es doch notwendig, schauen Euer Gnaden, dass er seinen Schwur und seinen Eid hält. Wenn er wortbrüchig ist, seht nur an, so ist seine Reputation ein so ausgemachter Hundsfott und Hanswurst, als jemand mit seinen schwarzen Schuhen auf Gottes Grund und Boden getreten hat: nach meinem Gewissen, seht Ihr.*

17. Jahrhundert

Hans Jakob Christoffel von Grimmelshausen, aus „Das wunderbarliche Vogel-Nest", Kapitel 8

ILLUSTRATION AUS DER ERST-AUSGABE DES „SIMPLICISSI-MUS" AUS DEM JAHR 1669

,, *Als der Mühlartzt hinauß tratte / kam der junge Simplicius hingegen hinein / und begehrte ein halbs / welches ihm die Wirthin alsobald holete; Er setzte sich darzu nieder / die Wirthin aber holete die Bachmulte / stellte sie zum Stuben-Ofen und machte Bereitschafft den Täig anzumängen; Als sie aber den Sack Meel nicht hin zum Bachtrog tragen konte / denselben außzulären / unangesehen sie sich daran abmergelte / daß sie auch den darauff liegenden Schmier-Käß überall mit dem Hälsigen zerknettet / und sich ohne ihr Wissen damit besudelte / stunde der ehrliche Simplicius auff / und wolte die Wirthin sich nicht mehr so abnöthigen lassen / sondern nahm den Sack (unangesehen seiner saubern Bekleidung / die er gantz mehligt machte) trug ihn zur Bachmulden und läerte ihn auß; und als er so wol als die Wirthin an die Kleider schlugen / solche wieder abzustäuben / da kam der Wirth selbsten in die Stub / und erblaste gleich im ersten Anblick / als er so einen schönen jungen Kerl / mit seinem gleichfalls nicht häßlichen jungen Weib in solcher Arbeit sahe; in summa es war ihm so ums Hertz / daß er anfänglich kein Wort reden konnte; Sobald er aber auch an eines jeden Brust einen Particul von dem stinckenden Käß sahe / welcher daran zerrieben seyn schiene / die gantze Stub auch voll dessen Geruch war / da konte er sich nicht mehr enthalten / wegen vermindlicher so gewisser und unfehlbarer Zeugnüß sein Weib eine ehebrecherische Hur und leichtfertige Vettel: den Simplicium aber einen ehebrecherischen Hurenhengst / Schelm und Ehrendieb zu schelten.*

Andreas Gryphius, aus „Die geliebte Dornrose", 4. Akt

> „Heran ihr Leute / du Bartel Klotzman und du Jokel Dreyecke. Jhr seid zwey alte grein- und zancksichtige Haderkatzen und Tumultuanten / die ihr euch nicht schämet / Jahr aus Jahr ein / so einander zu schmehen und zu schimpffen / daß ihr dem gantzen Durffe Schande und Spott anthut / traget auch kein Bedencken umb eines in äügigen Hannes."

(Die „Haderkatze" ist offenbar ein typisches Schimpfwort aus dem Barock, es findet sich außerdem bei Grimmelshausen, Moscherosch u. a.)

Johann Michael Moscherosch, aus „Philanders von Sittenwald wunderliche und wahrhaftige Gesichte", Zweiter Teil, Kapitel 3
Einen wunderbaren Ehestreit aus der Zeit des Barock liefert uns der Dichter Johann Michael Moscherosch in seiner satirischen Erzählung „Weiberlob" aus dem „Philander":

Wir gingen ein wenig abwegs und hörten ein anderes Geschrei; und als wir hinaus vor die Tür kamen, war es ein Mann und ein Weib, die einander rauften: das Weib hatte ein großes Bund Schlüssel in der einen Hand, in der andern eine Hand voll Haare, die sie gewiss dem Manne ausgerauft hatte; ihr Schleier war heruntergerissen und lag auf der Erde. Der Mann hatte keinen Überschlag an, keinen Hut auf, einen starken Prügel in der rechten Hand, in der linken auch einen Busch Haare, im Gesicht war er zerkratzt, als ob er mit den Katzen gegessen hätte. Als wir aber erforschen wollten, was die Ursache wäre, da rief der Mann:

> „Gehst du, du Schandhur', willst du mich noch im Wirtshaus suchen, du Ehebrecherin, du Erzhexe?" Das Weib hingegen: „O du Dieb und du Schelm, der Teufel wird dich

eher holen, ehe du ein Hexenstück von mir wirst beweisen können; du Prasser bringst mich und die Kinder an den Bettelstab; wenn du nicht alle Tage im Wirtshaus sitzt, du würdest fürchten, der Teufel holte dich." Er: „Das wäre deines Dings, wenn ich zu Haus säße und darbte, gelt du Schandvettel!

Wenn ich blieb' allzeit zu Haus
Und tränk' wenig wie 'ne Laus
Und kräht so oft wie ein Hahn:
So war' ich dir ein lieber Mann."

Sie: „Und ich, gelt du Schandvogel!
Wenn ich nur stets im Hause bleib',
So bin ich dir ein liebes Weib,
Da unterdessen du mit Mut
Versäufst mir all mein Hab und Gut."

Er: „Das geht dich nichts an, du Vettel; warte du deine Kunkel ab."

Sie: „Das geht mich an, du Schinder; warte du deine Werkstatt ab."

Er: „Ein Weib hat sich nicht zu bekümmern, was der Mann macht."

Sie: „Ein Mann hat sich nicht zu bekümmern, was das Weib tut."

(…)

Er: „Schweigst du nicht, du ausgemachte Hur'!"

Sie: „Nimm du dich selbst bei der Nase, du Hurenvogel."

Er: „So gehört sich's, wenn eine Schandhur' andern Männern nachläuft."

Sie: „Du lügst wie ein Schelm und Dieb, du Galgenvogel."

Er: „Puff! da hast du's, sollst du mich heißen lügen?"

Sie: „Ei so schlag', dass dir die Hände erlahmen, dass du verkrüppelst und verlahmst, du Mörder. Mein Lebtag! wie hat der Dieb harte Hände; es ist nicht möglich, er hat Eisen und Stahl darin. Du Dieb, du Räuber, du Hurenvogel,

du Verräter, du Hexenmeister, du Frauenmörder, hu, du, du ..."

Er: „Hu du Lausknickel, ich will dir die Zunge bannen, oder ich muss keine Fäuste mehr haben; hast du noch nicht Stöße genug?"

Sie: „Hei, so will ich mich wehren und sollt' es mich das Leben kosten, du Erzdieb, du Prasser, du Hurensohn, du Landläufer, ich reiße dir den Bart aus."

Er: „Hei reiße, dass dich der Hagel erschlage, du Teufelsross."

Sie: „Warum lässt du mich nicht ungeschlagen, du unsinniger Schelm?"

Er: „Du unsinnige Hexe, du – –, was soll ich mehr sagen?"

Sie: „Du Höllenbrand, du Untier, du Esel, du Sau, du Ochs, du Kapaun, du Hurenhengst."

Er: „Hei, dass dich Gott schände, du Teufelsmaul, du Hexenlarve."

Sie: „Dass dich der Teufel zerreiße, dass du verbrannt wärest."

Er: „Dass dich die Pestilenz erwürge."

Sie: „Dass dich die Läuse fressen, dass dich die Franzosen ersticken."

Er: „Da nimm du die Pillen ein, du Hurenmaul."

Sie: „Hei schlage, dass du verlahmst; noch einmal, du meineidiger Schelm."

Er: „Du ausgemachte Hure, wann schweigst du einmal still?"

Sie: „Hei, dass du verlahmt wärest."

Er: „Ich will dich zu Tode schlagen und sollte ich darüber gehängt werden."

Sie: „O mordio, mordio, helft, kommt mir zu Hilfe, er schlägt mich zu Tode! Ach weh, ach weh, au weh, au weh!"

(...)

Sie: „Dass alle Prügel verbrannt wären in der Hölle!"

Er: „Willst du nun schweigen, du Schnatterente."

Sie: „Willst du nun aufhören zu schlagen, du Henker."

Er: „Du Lausknickel, du Schlange, du Elster."

Sie: „Du Wolf, du Nabenvogel, du Bär, du Löwe; au weh, ist denn niemand, der Frieden machen will."

Er: „Ich nicht, so lange ich Fäuste habe."

Sie: „Ich nicht, so lange ich Nägel habe; o seht, wie mich der Dieb hat zugerichtet."

Er: „O seht, wie mich die Hexe zerkratzt hat, du Katze."

Sie: „Du Hund, du Wolf."

Er: „Du Katzenkopf, du Zatzenkopf."

Sie: „Du Hundskopf, du Eselskopf."

Er: „Du Saukopf, du Hexenkopf."

Sie: „Du Bärenkopf, du Hasenkopf, du Krautkopf."

„Mein Gott, des elenden Lebens, der betrübten Heirat, welche diese beiden gemacht haben", sprach Expertus Robertus: „wie sieht der Mann aus, als ob er unsinnig wäre; das Weib, als ob sie besessen wäre! O Elend über Elend! sollten wilde Tiere so leben, das wäre zu arg."

Er: „Soll ich's dem Herrn erzählen! Als ich heut früh nach Hause kam, da war kein Weib daheim, es war nichts zu kochen da, es war kein Feuer da, alles lag im Hause, in der Stube übereinander, Stühle und Bänke, Tischtuch, Schüssel, Löffel eins da, das andere dort herum."

Sie: „Du lügst, du Dieb; wenn du im Wirtshaus, im Hurenhaus herumziehst und in acht Tagen einmal heim kommst, so meinst du, jedermann sei so gesinnt wie du."

Er: „Schweig, du Klappermaul! Ich glaube nicht, dass der Teufel ein solch Maul hat."

Sie: „Ich glaube nicht, dass der Teufel solche Hände hat."

Er: „Du giftige Schlange."

Sie: „Du unsinniger Löwe."

Er: „So soll man dich lausen, du Lausknickel."

Sie: „So soll man dir den Esel waschen."

Er: „So muss man das faule Fleisch salzen."

Sie: „So muss man dir den Grind kratzen."

Er: „Seht ihr, Herr, was für ein Weib ich habe, ob sie mir ein Wort schuldig bleibt, ja wohl?"

Sie: „Seht ihr, Herr, was für einen Mann ich habe, ob er mir ein Wort zu gut hätte, ja wohl?"

Expertus Robertus: „Ein rechtschaffener Mann soll sich nicht mit Worten einlassen gegen sein Weib; es steht einem Manne übel an, mit Worten zu fechten."

Sie: „Gelt du Esel! hörst du's, unflätiger Tropf?"

Expertus Robertus: „Es soll ein ehrliches Weib gegen ihren Mann das Maul halten und nicht das letzte Wort haben wollen."

Er: „Hörst du's, du Klapperbüchse, was man dir sagt?"

Sie: „Was ist das für ein Narr, er gibt doch keinem Teil recht."

Expertus Robertus: „O ihr elenden Menschen, wie macht ihr euch das Leben selbst so blutsauer und könnt es beide besser haben! Ihr unseligen Leute, wer wollte sich gern in eure Händel mischen."

Sie: „Was schwatzt er da?"

Er: „Ich weiß nicht, ob er ein Narr ist oder nicht."

Expertus Robertus: „Sagt mir doch, wie lange ist's, dass ihr einander geehelicht habt?"

Er: „Es däucht mir hundert Jahre zu sein."

Sie: „Ist dir die Zeit so lang, mir ist sie kurz."

Er: „O wollte Gott, es wäre nie geschehen."

Expertus Robertus: „Und geschehen solche Händel oft unter euch, oder ist es nur diesmal geschehen?"

Er: „Oft? Fast alle Tage."

Expertus Robertus: „Werdet ihr aber zuweilen wieder einig mit einander, oder seht ihr einander stets an wie Hund und Katze?"

Er: „Ja, wir sind bisweilen einig, aber es währt nicht lange,

Gott erbarm's!"

Expertus Robertus: „Wenn ihr aber einig seid, bekennet ihr euer Unrecht eins dem andern, oder will ein jedes auf seinen fünf Augen bleiben und recht haben? Wisst ihr auch wohl, warum ihr oft so streitet?"

Er: „Ei, was sollte es sein, mein Weib nimmt oft Ursach vom Zaun herunter."

Expertus Robertus: „Wie so aber?"

Sie: „Was hast du viel mit diesem alten Narren zu pappeln; geh' fort, lass uns zum Essen gehen."

Er: „Geh' fort; es wäre besser gewesen, wir hätten eher aufgehört und wären gegangen."

Sie: „Es sei also, weil's nicht anders sein kann."

Expertus Robertus: „Ich will euch beiden ein gutes Mittel geben, wenn ihr dies alle Tage einmal gebraucht, so wird solch Zank und Schlagen bei euch ein Ende nehmen." Damit gab er dem Manne folgende vier Gesetze und ließ sie beide ihres Weges fürder gehen. (…)

(Welche Friedenstipps Herr Robertus den beiden gibt, bleibt an dieser Stelle ein Geheimnis.)

Jean Baptiste Molière, aus „Der Geizige". 4. Akt, 3.Szene

99 *Wie, Du Galgenstrick, du hast die Frechheit, mir ins Gehege zu gehn?*

18. Jahrhundert

Matthias Claudius, Auszug aus „Ein silber ABC"

> *Vor Kritikastern hüte dich,*
> *wer Pech angreift, besudelt sich.*

Gottfried August Bürger

> *Also, halts Maul, Brummbär!*

Noch einmal Bürger

> *Die beiden Votzen schlafen in dem Bette, und die*
> *Schwänze strakeln sich ein paar Stunden auf dem Canapee.*

Wolfgang Amadeus Mozart

Wir machen einen kurzen Ausflug fort von den Dichtern hin zu einem, der weniger durchs Schreiben als vor allem durch seine Musik unvergesslich geworden ist: zu Wolfgang Amadeus Mozart. Ganz schreibfaul war aber auch er nicht, und so haben wir insbesondere die sogenannten „Bäsle-Briefe" an seine Cousine Maria Anna Thekla Mozart in Augsburg (eben jenes „Bäsle") als ein Textzeugnis für derbe Ausdrucksweise. Zugegeben, Flüche im engeren Sinne finden sich hier nicht. Und doch sind diese Briefe eindrucksvolle Dokumente für die Unbefangenheit des jungen Mozart allem Fäkalischen gegenüber.

WOLFGANG AMADEUS MOZART. DETAIL AUS EINEM GEMÄLDE VON JOHANN NE-POMUK DELLA CROCE (CA. 1780)

Auszüge aus den „Bäsle-Briefen" an Maria Anna Thekla Mozart

MARIA ANNA THEKLA MO-
ZART, BEKANNT ALS DAS
„BÄSLE" FÜHRTE MIT DEM
JUNGEN MOZART EINEN
EBENSO REGEN WIE BE-
KANNTEN BRIEFWECHSEL.

> *iezt wünsch ich eine gute nacht, scheissen sie ins beet daß es kracht; schlafens gesund, reckens den arsch zum mund; ich gehe izt nach schlaraffen, und thue ein wenig schlaffen.*

> *Poz Himmel Tausend sakristey, Cruaten schwere noth, teüfel, hexen, truden, kreüz-Battalion und kein End, Poz Element, luft, wasser, erd und feüer, Europa, asia, affrica und America, jesuiter, Augustiner, Benedictiner, Capuciner, minoriten, franziscaner, Dominicaner, Chartheüser, und heil: kreüzer herrn, Canonici Regulares und iregulares, und alle bärnhäuter, spizbuben, hundsfütter, Cujonen und schwänz übereinander, Eseln, büffeln, ochsen, Narrn, dalcken und fuxen! was ist das für eine Manier, 4 soldaten und 3 Bandelier? – – so ein Paquet und kein Portrait? – – ich war schon voll begierde – – ich glaubte gewis – – denn sie schrieben mir ja unlängst selbst, daß ich es gar bald, recht gar bald bekommen werde. (Bäsle-Briefe, 13.11.1777)*

> *An alle gute Freund und Freundinnen von uns beyden einen ganzen Arsch voll Empfehlungen. An Dero Eltern steht es Pag. 3 Zeile 12. Nun weiß ich nichts mehr Neues, als daß eine alte Kuh einen neuen Dreck geschißen hat; und hiermit addieu Anna Maria Schlosserin geborne Schlüssel-macherin. (Bäsle-Briefe, 3.12.1777)*

Nicht ans Bäsle, aber doch eindeutig:

> *Ich hoffe nicht, dass es nötig ist zu sagen, dass mir an Salzburg sehr wenig und am Erzbischof gar nichts gelegen ist und ich auf beides scheiße. (Brief vom 12. Juli 1783)*

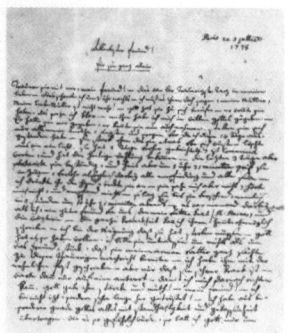

AUSSCHNITT AUS EINEM
BRIEF AN DAS „BÄSLE"

Und noch einmal ein Komponist
Ludwig van Beethoven beginnt einem Brief an den Kopisten Wolanek mit den Worten:

> *Dummer, eingebildeter, ekelhafter Kerl!*

Wir kehren wieder zurück zu den Dichtern:

Christian Martin Wieland

> *Geh vor die Raben, dummer Bauerntölpel. (Keine Quellenangabe)*

Und noch einmal Wieland, aus „Die Abenteuer des Don Sylvio", zweites Kapitel:

> *Was ich sage, Herr, wunderartig, nicht zu fett und nicht zu mager, aber frisch und saftig wie eine Morgenrose; ein Gesicht wie Milch und Blut, und einen Halß – – und Arme – – ich kans euch nicht beschreiben, wie mir dabey zu Muthe war, aber das schwör ich euch, die Frau Beatrix ist nur eine Meerkatze gegen sie; ich schämte mich recht, daß ich so dumm gewesen war, und mit einer solchen alten, abgestandenen Runkunkel gelöffelt hatte; aber ohne Wissen, ohne Sünde; wenn ich diese hätte voraus sehen können.*

Friedrich Schiller
Nun zu einem „der" Klassiker aus der deutschsprachigen Literatur, zu Friedrich Schiller. Man verbindet ihn nicht unbedingt als Erstes mit Flüchen. Aber er hat sie geschrieben, zumindest, um sie seinen Figuren in den Mund zu legen, wie im nachfolgenden Dialog aus den „Räubern" zu lesen ist.
In diesem Ausschnitt aus dem Dialog zwischen dem aufständischen Karl von Moor und dem Pater als Vertreter der Obrigkeit

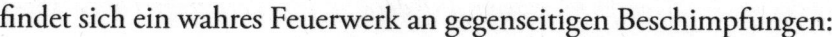

findet sich ein wahres Feuerwerk an gegenseitigen Beschimpfungen:

" *(…) Pater (vor sich, stutzt): Ist das das Drachennest? – Mit eurer Erlaubnis, meine Herren! Ich bin ein Diener der Kirche, und draußen stehen Siebenzehnhundert, die jedes Haar auf meinen Schläfen bewachen.*

Schweizer: Bravo! bravo! Das war wohlgesprochen, sich den Magen warm zu halten.

Moor: Schweig, Kamerad! – Sagen Sie kurz, Herr Pater, was haben Sie hier zu tun?

Pater: Mich sendet die hohe Obrigkeit, die über Leben und Tod spricht – Ihr Diebe – ihr Mordbrenner, – ihr Schelmen – giftige Otterbrut, die im Finstern schleicht und im Verborgenen sticht – Aussatz der Menschheit - Höllenbrut, – köstliches Mahl für Raben und Ungeziefer – Kolonie für Galgen und Rad –

Schweizer: Hund! hör' auf zu schimpfen, oder – (Er drückt ihm den Kolben vors Gesicht.)

Moor: Pfui doch, Schweizer! Du verdirbst ihm ja das Konzept – er hat seine Predigt so brav auswendig gelernt – Nur weiter, mein Herr! – für Galgen und Rad?

Pater: Und doch, feiner Hauptmann! Herzog der Beutelschneider! Gaunerkönig! Großmogol aller Schelmen unter der Sonne! – Ganz ähnlich jenem ersten abscheulichen Rädelsführer, der tausend Legionen schuldloser Engel in rebellisches Feuer fachte und mit sich hinab in den tiefen Pfuhl der Verdammung zog – das Zetergeschrei verlassener Mütter heult deinen Fersen nach, Blut säufst du wie Wasser,

Menschen wägen auf deinem mörderischen Dolch keine Luftblase auf. —

Moor: *Sehr wahr, sehr wahr! Nur weiter!*

Pater: *Was? Sehr wahr, sehr wahr? Ist das auch eine Antwort?*

Moor: *Wie, mein Herr? drauf haben Sie sich wohl nicht gefasst gemacht? Weiter, nur weiter! Was wollten Sie weiter sagen?*

Pater (im Eifer): *Entsetzlicher Mensch! Hebe dich weg von mir! Picht nicht das Blut des ermordeten Reichsgrafen an deinen verfluchten Fingern? Hast du nicht das Heiligtum des Herrn mit diebischen Händen durchbrochen und mit einem Schelmengriff die geweihten Gefäße des Nachtmahls entwandt? Wie? Hast du nicht Feuerbrände in unsere gottesfürchtige Stadt geworfen? Und den Pulverturm über die Häupter guter Christen herabgestürzt? (mit zusammengeschlagenen Händen) Gräuliche, gräuliche Frevel, die bis zum Himmel hinauf stinken, das jüngste Gericht waffnen, dass es reißend daherbricht! Reif zur Vergeltung, zeitig zur letzten Posaune!*

Moor: *Meisterlich geraten bis hieher! Aber zur Sache! Was lässt mir der hochlöbliche Magistrat durch Sie kund machen?*

Pater: *Was du nie wert bist zu empfangen — Schau' um dich, Mordbrenner! Was nur dein Auge absehen kann, bist du eingeschlossen von unsern Reitern — hier ist kein Raum zum Entrinnen mehr — so gewiss Kirschen auf diesen Eichen wachsen, und diese Tannen Pfirsiche tragen, so gewiss* werdet ihr unversehrt diesen Eichen und diesen Tannen den Rücken kehren.

Moor: Hörst du's wohl, Schweizer? – Aber nur weiter!

Pater: Höre denn, wie gütig, wie langmütig das Gericht mit dir Böswicht verfährt: Wirst du jetzt gleich zum Kreuz kriechen und um Gnade und Schonung flehen, siehe, so wird dir die Strenge selbst Erbarmen, die Gerechtigkeit eine liebende Mutter sein – sie drückt das Auge bei der Hälfte deiner Verbrechen zu und lässt es – denk' doch! – und lässt es bei dem Rade bewenden.

Schweizer: Hast du's gehört, Hauptmann? Soll ich hingehn und diesem abgerichteten Schäferhund die Gurgel zusammenschnüren, dass ihm der rote Saft aus allen Schweißlöchern sprudelt?

Roller: Hauptmann! – Sturm, Wetter und Hölle! – Hauptmann! – wie er die Unterlippe zwischen die Zähne klemmt! Soll ich diesen Kerl das Oberst zu unterst unters Firmament wie einen Kegel aufsetzen?

Schweizer: Mir! Mir! Lass mich knieen, vor dir niederfallen! Mir lass die Wollust, ihn zu Brei zusammenzureiben! (Pater schreit.)

Moor: Weg von ihm! Wag' es keiner, ihn anzurühren! – (Zum Pater, indem er seinen Degen zieht) Sehen Sie, Herr Pater! hier stehn Neunundsiebenzig, deren Hauptmann ich bin, und weiß keiner auf Wink und Kommando zu fliegen oder nach Kanonenmusik zu tanzen, und draußen stehen Siebenzehnhundert, unter Musketen ergraut – aber hören Sie nun! So redet Moor, der Mordbrenner Hauptmann:

Wahr ist's, ich habe den Reichsgrafen erschlagen, die Dominicuskirche angezündet und geplündert, hab' Feuerbrände in eure bigotte Stadt geworfen und den Pulverturm über die Häupter guter Christen herabgestürzt – aber das ist noch nicht alles. Ich habe noch mehr getan. (Er streckt seine rechte Hand aus.) Bemerken Sie die vier kostbaren Ringe, die ich an jedem Finger trage? – Gehen Sie hin und richten Sie Punkt für Punkt den Herren des Gerichts über Leben und Tod aus, was Sie sehen und hören werden – diesen Rubin zog ich einem Minister vom Finger, den ich auf der Jagd zu den Füßen seines Fürsten niederwarf. Er hatte sich aus dem Pöbelstaub zu seinem ersten Günstling emporgeschmeichelt, der Fall seines Nachbars war seiner Hoheit Schemel – Tränen der Waisen huben ihn auf. Diesen Demant zog ich einem Finanzrat ab, der Ehrenstellen und Ämter an die Meistbietenden verkaufte und nicht trauernden Patrioten von seiner Türe stieß. – Diesen Achat trag' ich einem Pfaffen Ihres Gelichters zur Ehre, den ich mit eigener Hand erwürgte, als er auf offener Kanzel geweint hatte, dass die Inquisition so in Zerfall käme – ich könnte Ihnen noch mehr Geschichten von meinen Ringen erzählen, wenn mich nicht schon die paar Worte gereuten, die ich mit Ihnen verschwendet habe.

Pater: O Pharao! Pharao!

Moor: Hört ihr's wohl? Habt ihr den Seufzer bemerkt? Steht er nicht da, als wollte er Feuer vom Himmel auf die Rotte Korah herunter beten, richtet mit einem Achselzucken, verdammt mit einem christlichen Ach! – Kann der Mensch denn so blind sein? Er, der die hundert Augen des Argus hat, Flecken an seinem Bruder zu spähen, kann er so gar blind gegen sich selbst sein? – Da donnern sie Sanftmut und Duldung aus ihren Wolken, und bringen dem

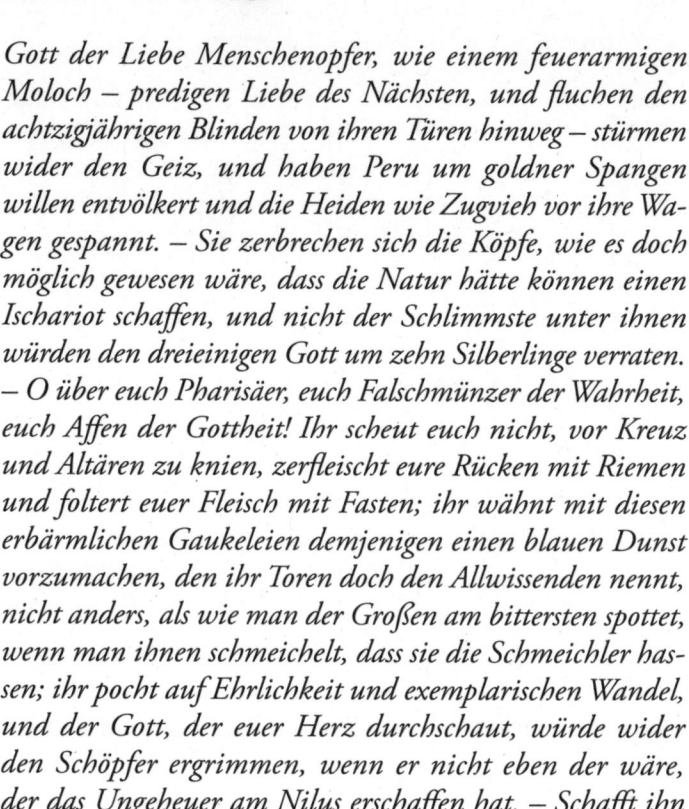

Gott der Liebe Menschenopfer, wie einem feuerarmigen Moloch – predigen Liebe des Nächsten, und fluchen den achtzigjährigen Blinden von ihren Türen hinweg – stürmen wider den Geiz, und haben Peru um goldner Spangen willen entvölkert und die Heiden wie Zugvieh vor ihre Wagen gespannt. – Sie zerbrechen sich die Köpfe, wie es doch möglich gewesen wäre, dass die Natur hätte können einen Ischariot schaffen, und nicht der Schlimmste unter ihnen würden den dreieinigen Gott um zehn Silberlinge verraten. – O über euch Pharisäer, euch Falschmünzer der Wahrheit, euch Affen der Gottheit! Ihr scheut euch nicht, vor Kreuz und Altären zu knien, zerfleischt eure Rücken mit Riemen und foltert euer Fleisch mit Fasten; ihr wähnt mit diesen erbärmlichen Gaukeleien demjenigen einen blauen Dunst vorzumachen, den ihr Toren doch den Allwissenden nennt, nicht anders, als wie man der Großen am bittersten spottet, wenn man ihnen schmeichelt, dass sie die Schmeichler hassen; ihr pocht auf Ehrlichkeit und exemplarischen Wandel, und der Gott, der euer Herz durchschaut, würde wider den Schöpfer ergrimmen, wenn er nicht eben der wäre, der das Ungeheuer am Nilus erschaffen hat. – Schafft ihn aus meinen Augen!

Pater: Dass ein Bösewicht noch so stolz sein kann!

Moor: Nicht genug – Jetzt will er stolz reden. Geh hin und sage dem hochlöblichen Gericht, das über Leben und Tod würfelt – Ich bin kein Dieb, der sich mit Schlaf und Mitternacht verschwört und auf der Leiter groß und herrisch tut – Was ich getan habe, werd' ich ohne Zweifel einmal im Schuldbuch des Himmels lesen; aber mit seinen erbärmlichen Verwesern will ich kein Wort mehr verlieren. Sag' ihnen, mein Handwerk ist Wiedervergeltung – Rache ist mein Gewerbe. (Er kehrt ihm den Rücken zu.) (…)

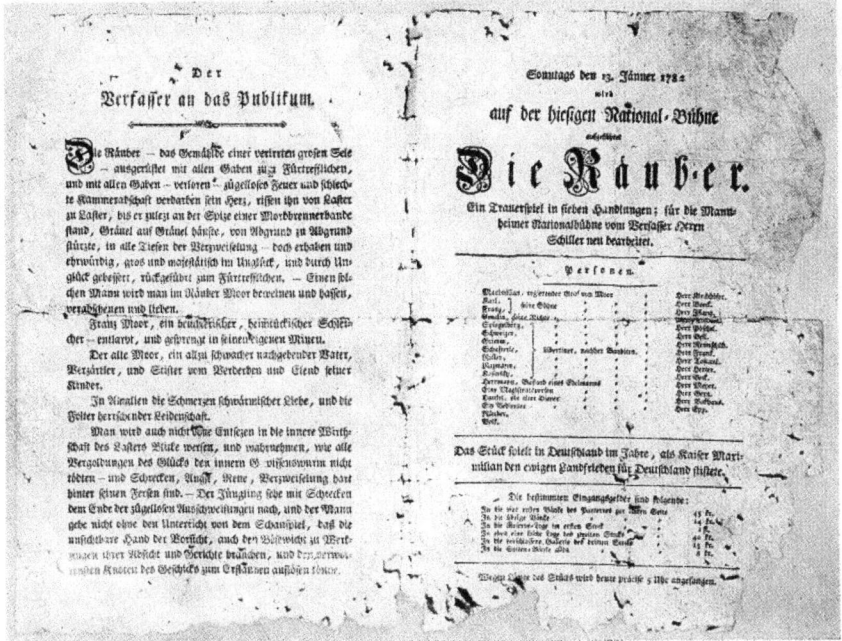

DER THEATERZETTEL ZUR URAUFFÜHRUNG VON SCHILLERS „RÄUBERN" AM 13. JANUAR 1783

Ein weiteres Mal Schiller, dieses Mal aus dem „Wallenstein", 1. Akt, 8. Szene:

> 99 *Kapuziner: So ein Barnabas und Eisenfresser*
> *Will einnehmen alle festen Schlösser.*
> *Rühmte sich mit seinem gottlosen Mund,*
> *Er müsse haben die Stadt Stralsund,*
> *Und wär' sie mit Ketten an den Himmel geschlossen.*
> *Hat aber sein Pulver umsonst verschossen.*

(Als „Eisenfresser" wurden Menschen bezeichnet, die sich besonders kämpferisch gaben.)

Und ein letztes Mal Schiller, auch dieses Zitat stammt aus den „Räubern":

> **99** *So wollt ich doch, dass du im Kloak erstickest, Dreckseele du."*

Christian August Vulpius, aus „Rinaldo Rinaldini der Räuberhauptmann", 2. Buch

> **99** *Der erste, der sich von euch von Ort und Stelle bewegt, ist des Todes. – Ihr elenden, nichtswürdigen Tagediebe! Ihr wollt mir drohen? Mir? Zittert und stürzt zusammen vor mir nieder! Wisst ihr, wer ich bin? – Nieder auf die Knie! – Nieder! – Ich bin Rinaldini!*

Johann Wolfgang von Goethe, Auszug aus dem Gedicht „Der Zauberlehrling"

> **99** *Oh du Ausgeburt der Hölle!*

Und hier, ziemlich versteckt in der Sammlung, das wohl bekannteste Fluch-Zitat aus der klassischen Literatur überhaupt, kurz, aber sehr populär:

Johann Wolfgang von Goethe, aus dem „Götz von Berlichingen"

> **99** *Sag deinem Hauptmann: vor ihrer kaiserlichen Majestät hab ich, wie immer, schuldigen Respekt . Er aber, sag's Ihm, er kann mich am Arsch lecken!*

Auch mit **Heinrich v. Kleist** verbindet man nicht in erster Linie eine ausgeprägte Kultur des Schimpfen. Und dennoch …

Heinrich v. Kleist, Auszug aus der Tragikomödie „Amphitryon", 3. Akt / 1. Szene:

Ein schöner verbaler Schlagabtausch zwischen Amphitryon, der in sein Haus zurückkehren möchte, dem aber nicht geöffnet wird, und dem Gott Merkur, den Amphitryon irrtümlich für seinen Sklaven Sosias hält:

,, *(...)*

Amphitryon: Warum verriegelt man am Tage denn dies Haus?

Merkur: Holla! Geduld! Wer klopfet?

Amphitryon: Ich.

Merkur: Wer? Ich!

Amphitryon: Ah! Öffne!

Merkur: Öffne! Tölpel! Wer denn bist du,
Der solchen Lärm verführt, und so mir spricht?

Amphitryon: Ich glaub, du kennst mich nicht?

Merkur: O ja;
Ich kenne jeden, der die Klinke drückt.
– Ob ich ihn kenne!

Amphitryon: Hat ganz Theben heut
Tollwurz gefressen, den Verstand verloren?
Sosias! He! Sosias!

Merkur: Ja, Sosias!
So heiß ich. Schreit der Schuft nicht meinen Namen,
Als ob er sorgt', ich möcht ihn sonst vergessen.

Amphitryon: Gerechte Götter! Mensch! Siehst du mich nicht?

Merkur: Vollkommen.
Was gibts?

Amphitryon: Hanlunke! Was es gibt?

Merkur: Was gibt's denn nicht,
Zum Teufel? Sprich, soll man dir Rede stehn.

Amphitryon: Du Hundsfott, wart! Mit einem Stock da oben
Lehr ich dich, solche Sprache mit mir führen.

Merkur: Ho, ho! Da unten ist ein ungeschliffner Riegel.
Nimms nicht für ungut.

Amphitryon: Teufel!

Merkur: Fasse dich.

Amphitryon: Heda! Ist niemand hier zu Hause?

Merkur: Philippus! Charmion! Wo steckt ihr denn!

Amphitryon: Der Niederträchtige!

Merkur: Man muss dich doch bedienen.
Doch harrst du in Geduld nicht, bis sie kommen,
Und rührst mir noch ein einzigs Mal
Den Klöpfel an, so schick ich von hier oben
Dir eine sausende Gesandtschaft zu.

Amphitryon: Der Freche! Der Schamlose, der! Ein Kerl,

Den ich mit Füßen oft getreten; ich,
Wenn mir die Lust kommt, kreuzgen lassen könnte.

Merkur: Nun? Bist du fertig? Hast du mich besehen?
Hast du mit deinen stieren Augen bald
Mich ausgemessen? Wie er auf sie reißt!
Wenn man mit Blicken um sich beißen könnte,
Er hätte mich bereits zerrissen hier.

Amphitryon: Ich zittre selbst, Sosias, wenn ich denke,
Was du mit diesen Reden dir bereitest.
Wie viele Schläg entsetzlich warten dein!
– Komm, steig herab, und öffne mir.

Merkur: Nun endlich!

Amphitryon: Lass mich nicht länger warten, ich bin drin-
gend.

Merkur: Erfährt man doch, was dein Begehren ist.
Ich soll die Pforte unten öffnen?

Amphitryon: Ja.

Merkur: Nun gut. Das kann man auch mit Gutem sagen.
Wen suchst du?

Amphitryon: Wen ich suche?

Merkur: Wen du suchst,
Zum Teufel! Bist du taub? Wen willst du sprechen?

Amphitryon: Wen ich will sprechen? Hund! ich trete alle
Knochen

Dir ein, wenn sich das Haus mir öffnet.

Merkur: Freund, weißt du was? Ich rat dir, dass du gehst.
Du reizest mir die Galle. Geh, geh, sag ich.

Amphitryon: Du sollst, du Niederträchtiger, erfahren,
Wie man mit einem Knecht verfährt,
Der seines Herren spottet.

Merkur: Seines Herrn?
Ich spotte meines Herrn? Du wärst mein Herr?

Amphitryon: Jetzt hör ich noch, dass ers mir leugnet.

Merkur: Ich kenne
Nur einen, und das ist Amphitryon.

Amphitryon: Und wer ist außer mir Amphitryon,
Triefäug'ger Schuft, der Tag und Nacht verwechselt?

Merkur: Amphitryon?

Amphitryon: Amphitryon, sag ich.

Merkur: Ha, ha! O ihr Thebaner, kommt doch her.

Amphitryon: Dass mich die Erd erstrafft'! Solch eine
Schmach!

Merkur: Hör, guter Freund dort! Nenn mir doch die Kneipe
Wo du so selig dich gezecht!

Amphitryon: O Himmel!

Merkur: Wars junger oder alter Wein?

Amphitryon: Ihr Götter!

*Merkur: Warum nicht noch ein Gläschen mehr? Du hättest
Zum König von Ägypten dich getrunken!*

Amphitryon: Jetzt ist es aus mit mir.

*Merkur: Geh, lieber Junge,
Du tust mir leid. Geh, lege dich aufs Ohr.
Hier wohnt Amphitryon, Thebanerfeldherr,
Geh, störe seine Ruhe nicht.*

Amphitryon: Was? dort im Hause wär Amphitryon?

*Merkur: Hier in dem Hause ja, er und Alkmene.
Geh, sag ich noch einmal, und hüte dich
Das Glück der beiden Liebenden zu stören,
Willst du nicht, dass er selber dir erscheine,
Und deine Unverschämtheit strafen soll.*

19. Jahrhundert

Ludwig Börne: „Briefe aus Paris", Vierundsiebzigster Brief
Allein der folgende Auszug aus einem Brief des Publizisten Ludwig Börne würde schon genügen, um die Kultur des Schimpfens im 19. Jahrhundert abzubilden. Denn Börne zählt in alphabetischer Reihenfolge alles auf, was zum Standardvokabular der Zeit gehört haben dürfte.

" *Wehe euch, wenn mir die Geduld reißt! Wehe dem Gesindel, wenn ich ihm auf die Finger klopfe, dass Furcht hineinfährt! Ich gebe euch mein Wort: sie fährt nicht wieder heraus. Ja, ich bin ein Deutscher! Ja, mir reißt die Geduld! Ja, ich klopfe! Ihr Schlingels, ihr Flegels, ihr Ochsen, ihr Esel, ihr Schweine, ihr Schafe, ihr Mordbrenner, ihr Spitzbuben, ihr jämmerlichen Wichte, ihr Sch – doch ohne Leidenschaft! Alles mit Ordnung. Ihr!*

A.

Aalquappen, Aasfliegen, Abdecker, Abendländer, Aberwitzige, Achselträger, Affen, Alltagsgesichter, Ameisenfresser, Anfänger, Angeber, Anschwärzer, Aristokraten, Auerochsen, Aufpasser, Aufschneider, Aufwischlumpen, Auskundschafter, Ausreißer, Ausrufungszeichen, Austerschalen, Auswurf, Autoren;

B.

Bagage, Bandwürmer, Bängel, Bärenhäuter, Bauchdiener, Bauchredner, Bedienten, Bestien, Beutelschneider, Blattläuse, Blutigel, Bösewichter, Brecheisen, Brechpulver, Brotdiebe, Brudermörder, Brummbären, Brunnenschwengel, Büffel, Buschklepper, Butterfässer;

C.

Cabalenmacher, Censoren, Charlatane, Chinesen, Correkturbogen;

D.

Dachshunde, Delinquenten, Demokraten, Despoten, Dichterlinge, Diebe, Diebslaternen, Dienstboten, Diplomatiker, Doggen, Dompfaffen, Dornbüsche, Dreckkäfer, Druckfehler, Dubletten, Duckmäuser, Dummköpfe, Düten;

E.

Eintagsfliegen, Eisschollen, Elentiere, Esel, Eselsköpfe, Eulen;

F.

Falschmünzer, Ferkel, Filzläuse, Fischweiber, Fladen, Fledermäuse, Flegel, Fratzengesichter, Frostbeulen, Fußschemel;

G.

Galgenvögel, Gaudiebe, Gecken, Gegenfüßler, Geheimschreiber, Geifermäuler, Gelehrte, Gemeinschreiber, Giftmischer, Gimpel, Gliedermänner, Glockenschwengel, Grobiane, Grundeln, Grundsuppen;

H.

Halunken, Hasenfüße, Heringe, Hofhunde, Hofnarren, Hunde, Hundsfötter, Hungerleider;

J.

Janitscharen, Insgesamt, Johanniswürmchen, Irrwische;

K.

Kammerdiener, Käsemaden, Kellerwürmer, Kerls, Kellerhunde, Kipper und Wipper, Kleckse, Kleinstädter, Klöße, Klötze, Knechte, Kostgänger, Kotkäfer, Krähen, Krautköpfe, Krebse, Krüppel, Kundschafter, Kürbisse;

L.

Laffen, Lästermäuler, Laxiermittel, Lebkuchen, Lehrjungen, Leibeigene, Lichtstumpen, Lieferanten, Lohnbedienten, Lotterbuben, Luder, Luftpumpen, Lümmel, Lumpen, Lumpenhunde;

M.

Makulatur, Maden, Mamelucken, Mastvieh, Maultrommeln, Maulwürfe, Mispeln, Milchbrötchen, Mistkäfer, Mordbrenner, Murmeltiere;

N.

Nachtgeschirre, Nachtmützen, Nachtwandler, Narren, Nudeln;

O.
Ochsen;
P.
Papageien, Pedanten, Pharisäer, Philister, Pinsel;
Q.
Quantitäten, Quappen, Quarke, Quintaner, Quitten;
R.
Rapunzeln, Räucherkerzchen, Rezensenten, Rekruten, Referendare, Renegaten, Resonanzböden, Rohrdommeln, Rotznasen;
S.
Schafe, Schafsköpfe, Schandbuben, Scheuerlappen, Schinderknechte, Schindmähren, Schlaraffengesichter, Schlingel, Schlucker, Schmarotzer, Schmeißfliegen, Schnitzel, Schufte, Schulfüchse, Schurken, Schweine, Skribler, Siebenschläfer, So so, Söldner, Spanferkel, Speichellecker, Spione, Spürhunde, Stiefelknechte, Stimmgabeln, Stockfische, Stöpsel, Sudler;
T.
Tagediebe, Tagelöhner, Taugenichtse, Teekessel, Tintenkleckse, Tölpel, Trampeltiere, Tremulanten, Trommelschläger, Trompeter, Troßjungen, Trüffelhunde, Tuckmäuser;
U.
Unleserliche, Untertanen, Unverschämte;
V.
Verschnittene, Verjagte, Vielschreiber, Vorhängschlösser;
W.
Wachsbilder, Waldfrevler, Wandläuse, Wanzen, Wassergeister, Wasserköpfe, Weihrauchfässer, Wespen, Wetterhähne, Wichte, Windmühlen, Wische, Wohledelgeborne, Wohlgeborne, Würmer, Wurstmäuler;
Z.
Zahnstocher, Zeitungsschreiber, Zeloten, Zeugdrucker, Zitteraale, Zwerge. – Ihr sollt sehen, dass ich mit euch fertig werden kann.

Börne war schon ziemlich erschöpfend. Trotzdem hat das 19. Jahrhundert noch einiges mehr zu bieten:

Ludwig Tieck, aus „Die sieben Weiber des Blaubart" (Kap. 12)

> *O die Weiber! die Weiber! rief Peter aus; das Ottern-gezücht, ist an allem Unheil Schuld.*

Clemens Brentano und die Liebe

Man könnte es als „Abgesang an die ehemalige Geliebte" bezeichnen. Aber diese Verse des romantischen Dichters Clemens Brentano an seine geschiedene Frau Auguste Bußmann sind mehr: Sie sind eine wahre Schmährede, aus der sich gleichzeitig ahnen lässt, welcherart ihre Liebe einmal gewesen sein dürfte. Begonnen hatte alles als wildromantische Entführungsgeschichte. Wie es ausging, liest man hier:

CLEMENS BRENTANO IN EINER ZEICHNUNG VON WILHELM HENSEL (1819)

Wohlan! so bin ich deiner los
(1811)

> *Wohlan! so bin ich deiner los*
> *Du freches lüderliches Weib!*
> *Fluch über deinen sündenvollen Schoß,*
> *Fluch über deinen feilen geilen Leib,*
> *Fluch über deine lüderlichen Brüste,*
> *Von Zucht und Wahrheit leer,*
> *Von Schand und Lügen schwer,*
> *Ein schmutzig Kissen aller eklen Lüste.*
> *Fluch über jede tote Stunde,*
> *Die ich an deinem lügenvollen Munde*
> *In ekelhafter Küsse Rausch vollbracht,*
> *Fluch über jede gottvergeßne Nacht,*

Die ich in deinem frechen Bett erhandelt,
Die ich in toller Liebe überwacht,
Wohl unter deinem Fenster hingewandelt,
Wenn du mit andern in dem Werk befangen,
Mit andrer Lüg an anderm Mund gehangen.
Mein Gott, mein Gott, er will sich mein erbarmen,
Mein Herr hat mich befreit aus deinen Armen,
Wohin dein Gott, der Satan mich geführt;
Drum hab ich nimmer dir dein Herz gerührt,
Und wie ich mochte bitten, mochte flehen,
Kein edles Wort hört ich von dir erstehen,
Du drohst, du elend Weib, dich zu ermorden,
O könntest du's, es stürb dein ganzer Orden,
Doch spar die Mühe nur, denn du bist längstens tot,
Längst faulst du in dir selbst, in Sünd und Lügenkot.
Schneidst du den Hals dir ab
Und springst du in die Spree,
Du findest nie ein Grab,
Die Spreu schwimmt in der Höh.
Des Todes heiliger Traum
Wird nimmer dich erlösen.
Es stirbt ein grüner Baum,
Doch nie ein dürrer Besen.
Zur eignen Rute wirst du noch an deinem Rücken,
Und höchstens reicht dein Leib dir einstens schlechte Krü-
cken.
Wohlan, du elend Weib, nun sind wir auf der Stelle,
Wo wir zuerst uns sahn, ich, du, und dein Geselle,
Ich mein den Teufel, Weib, der deine Seele reitet,
Hör wie sein Flügel rauscht, den über dir er breitet,
Ich hör den dunklen Fluss, es tönt die dumpfe Welle,
Du Lügnerin leb wohl, leb schlecht, hier ist die Schwelle,
Wo sich mein reuig Herz, von dir, du Hexe, scheidet,
Verdorren mag der Fuß, der je dein Bett beschreitet,

Ich hab dich nie gekannt, ich hab dich nie gesehen,
Es war ein böser Traum, er muss hinuntergehen,
Das lüderliche Buch, um das du mich betrogen,
Aus dem du geile Brunst für andre Lust gesogen,
Ich werfe es hinab in diese schmutzgen Wogen,
Und mit ihm werf ich hin, was ich für dich gefühlt,
Dass sich die böse Glut, die mir das Herz zerwühlt,
In dieses Flusses trüber Welle kühlt.
Nimm hin den Scheidekuss,
Ich geb ihn ohn Verdruss,
Von mir ist dir verziehn,
Wend dich zu Gott dahin,
Und fleh, dass er verzeih,
Dem Sünder steht es frei.
Er ist für dich, für mich, für alle uns gestorben,
Ich habe im Gebet mir Trost von ihm erworben.
Ich gab des Heilands Bild in deine schnöden Hände,
So bin durch dich ich auch zu einem Judas worden,
Den Herrn hab ich verkauft, an die ihn ermorden,
Erbarm dich meiner Seel, und zu dem Kreuz dich wende,
O mache, dass an dir dies Bild ein Wunder tut,
Und dass er dich erlöst mit seinem heilgen Blut,
So darf ich ruhig sein, dass ich so fromme Gabe
An dich, du elend Weib, so schnöd vergeudet habe,
Nun wend ich mich von dir, ich will in Friede gehn,
Ich will unschuldig nun die Sterne wieder sehn,
Ich will zu Gott dem Herrn um Hülfe für dich flehn,
Dass dich die Gnade sein barmherzig mög anwehn,
Dass einen Engel er zu dir ermahnen sende,
Dass er dein elend Herz wie meines zu sich wende,
So gehet nicht mein Schmerz, doch Leid und Lieb zu Ende.

(Wie weit sich Clemens Brentano in seinem vernichtenden Ur-
teil über Auguste Bußmann irrte, wird sich wohl nie in Erfahrung

bringen lassen. Bekannt ist jedoch, dass sie später in zweiter Ehe Johann August Ehrmann heiratete und vier Kinder bekam, die nach eigener Aussage nicht alle von ihrem Mann stammten. Insgesamt dürfte Auguste Bußmann keine glückliche Frau gewesen sein, sie nahm sich im Alter von 40 Jahren das Leben.)

E.T.A. Hoffmann, aus „Der Magnetiseur"

> „ *Armes Menschenkind, erkenne deinen Meister und Herrn! – Was krümmst und windest du dich in deiner Knechtschaft, die du vergebens abzuschütteln strebst? – Ich bin dein Gott, der dein Innerstes durchschaut, und alles, was du darin jemals verborgen hast oder verbergen willst, liegt hell und klar vor mir. Damit du aber nicht wagst, an meiner Macht über dich, du Erdenwurm, u zweifeln, will ich auf eine dir selbst sichtbarliche Weise in die geheimste Werkstatt deiner Gedanken eindringen.*

Ein zweites Mal E.T.A. Hoffmann, aus dem Roman „Die Elixiere des Teufels"

> „ *Hoho!" rief der Dorfrichter, indem er eine große Dose hervorzog, in die, als er schnupfte, fünf Hände der hinter ihm stehenden Gerichtsschöppen hineingriffen, gewaltige Prisen herausholend, „hoho, nur nicht so barsch, gnädigster Herr! – Ihre Exzellenz wird sich gefallen lassen müssen, Uns, dem Richter, Rede zu stehen und den Pass zu zeigen, denn, nun gerade herausgesagt, hier im Gebirge gibt es seit einiger Zeit allerlei verdächtige Gestalten, die dann und wann aus dem Walde gucken und wieder verschwinden wie der Gottseibeiuns selbst, aber es ist verfluchtes Diebs- und Raubgesindel die den Reisenden auflauern und allerlei Schaden anrichten durch Mord und Brand, und Ihr, mein gnädigster Herr, seht in der Tat so absonderlich aus, dass Ihr*

ganz dem Bilde ähnlich seid, das die hochlöbliche Landes-
regierung von einem großen Räuber und Hauptspitzbuben,
geschrieben und beschrieben nach allen Qualitäten, an Uns,
den Richter, geschickt hat. Also nur ohne alle weitere Um-
stände und zeremonische Worte den Pass, oder in den Turm!

Jean Paul, aus dem Roman „Siebenkäs"

> *Der Schulrat hob erboset die geballte*
> *Faust in die Lüfte und sagte, mit ihr in diese*
> *hauend: »Du Höllenkind! Du Räuberhaupt-*
> *mann und Flibustier! Du seidner Katilina*
> *und Schadenfroh! – Gedenkst du das und*
> *deine andern Streiche einmal zu verantwor-*
> *ten?— Hr. Armenadvokat, das erwart' ich*
> *wenigstens von Ihnen, dass Sie, wenn er wie-*
> *der um Haare ansucht, ihn bei seinen Haaren*
> *hinausgeleiten oder dieser Pelz-Made, wie Sie*
> *selber sagen, mit einem Stiefelknecht auf die*
> *Achsel klopfen und mit einer Beißzange die*
> *Hand drücken – mit einem Worte, ich leid'*
> *ihn nicht mehr hier.*

DER DICHTER BEI DER ARBEIT: JEAN PAUL IN SEINER GAR-TENLAUBE, ZEICHNUNG VON ERNST FÖRSTER

Und noch einmal Jean Paul, aus „Das Kampaner Tal", Kap. 16

> *Ich fahre aber im Extrakte aus dem Protokoll des Krön-*
> *leinschen Magens fort. Entweder wurde der Lautenist der*
> *liegenden und gesprächigen Rolle müde, oder er gönnte*
> *dem Landstand die seinige nicht: kurz er fing an, sowohl*
> *den Bischof als den Zuhörer Halunken zu nennen, dann*
> *Teufelsbraten, dann Schlafmützen, dann gar Fratzen und*
> *Tröpfe.*

Michael Kohlhaas: aus „Die Hügelhöfe", Kapitel 16:

> 🙶 *Da hat die Wut in jähem Überfall den Koglerbauern aller Menschlichkeit beraubt, also, dass er in viehischem Ansturm auf seinen Sohn zustürzte und ihm ins Gesicht spie. Und er schrie: „Hurenbock, ausgweichter! Verfluacht sollst sei mitsamt dein scheiheiligen Saumensch!*

Wilhelm Raabe, aus „Das Odfeld", Kap. 28

> 🙶 *I, du Halunke! Bestia, Verwüster!" rief der alte Herr, sich jetzt genauer auf dem Fußboden und an den Wänden seines Museums umschauend und trotz allem heute Erlebten von Augenblick zu Augenblick ärgerlicher werdend. „Den Hals sollte man dem Ungetier umdrehen! Ist das der Lohn für Hospitalität, Teilung des letzten Bissens? Bösewicht, bei genauerer Inspectio könnte es nicht schlimmer hier in meiner Stube aussehen, wenn sie ihre Bataille in ihr ausgefochten hätten und nicht zwischen dem Ith und den Stadtoldendorfer Hohlwegen. Spitzbube, Schurke, Halunk, hattest du noch nicht genug an euerm Gerauf über Odins Felde? Nun sieh mal, guck mal, guck nur mal an, wie du hier bei intimerer Besichtigung gehauset hast. Da liegen die kurieusen Töpfe der Vorfahren, da liegen ihre Knochen! Das halbe Raritätenkabinett vom Brett gestoßen – Zettel abgerissen, und – hier – sehe Er einmal hier, Er Erzschweinigel. Gehet man so mit den Cimelien eines teuren gelehrten Büchervorrats um? Nun sage Er selber, was ich mit Ihm anfangen, was ich Ihm antun soll für Seinen Mißbrauch des Gastrechts? Wenn die ganze Schule von Amelungsborn sich hier in meiner Abwesenheit einen Jokus erlaubt hätte, könnte es nicht ärger bei mir aussehen.*

(Der Zorn des schimpfenden Buchius gilt hier übrigens einem Raben!)

Gottfried Keller, aus „Romeo und Julia auf dem Lande", Kap. 4

> *Schweig, du Galgenhund", schrie Marti, da hier die Wellen des Baches stärker rauschten, „du hast mich ins Unglück gebracht!*

Heinrich Heine, aus „Schnabelewopski", Kap. 5

> *Nimm du fünf, nimm du zwanzig auch dazu*
> *Und komm zum Spiel du selbst herzu:*
> *Ein Hurensohn, so nenn ich dich,*
> *Außer, du bindest mich. "*

Emile Zola, aus „Der Totschläger", Kap. 3

> *Jetzt ergriff sie ihrerseits einen Eimer und entleerte ihn über die junge Frau. Jetzt entwickelte sich ein regelrechter Kampf. Sie liefen beide an den Waschbänken entlang, bemächtigten sich der vollen Eimer, kamen damit zurück und warfen sich das Wasser ins Gesicht. Jedes Sturzbad begleiteten sie mit lautem Geschrei und Schimpfen. Auch Gervaise antwortete jetzt:*
> *„Da! Du Drecksau! ... Den hast du gekriegt. Das wird dir den Hintern abkühlen!"*
> *„Ah! du Vettel! Da hast du was für deinen Dreck! Jetzt wirst du doch einmal in deinem Leben waschen!"*
> *„Ja, ja, ich werde dich schon rein kriegen, du langer Stockfisch!"*
> *„Da hast du noch einen! ... Spüle dein Maul aus und mache Toilette für dein Geschäft heut abend an der Ecke der Belhommestraße. "*

Karl von Holtei, aus „Schwarzwaldau" - Kapitel 20

> 99 *Hinter ihm her brummte eine tiefe Stimme: „Auch ein rechter Windbeutel das!"*

August Strindberg, aus „Am Meer", 9. Kapitel

> 99 *Ja, spotten Sie nur! Jetzt kenne ich Sie! Aber der Apfel fällt nicht weit vom Stamm. Jetzt kenne ich des Satans ganze List. Sie bauen dem Herrn ein Haus – ein Hurenhaus, damit Sie einer Dirne opfern können! Sie spielen Zauberer und Magiker, damit das Volk vor Ihnen knien und den Gottesleugner anbeten soll. Aber der Herr sagt: Selig sind, die ihre Kleider waschen, auf dass sie Zutritt zu dem Baum des Lebens haben und durch die Tore in die Stadt gehen. Draußen bleiben Hunde und Zauberer und Hurenkerle und Mörder und Götzendiener und alle, welche die Lüge lieben!*

Friedrich Nietzsche, aus „Also sprach Zarathustra"

> 99 *Und du, roter Richter, wenn du laut sagen wolltest, was du Alles schon in Gedanken getan hast: so würde Jedermann schreien: „Weg mit diesem Unflat und Giftwurm!"*

Otto Ernst, aus den Satiren, Fabeln, Epigramme, Aphorismen. 7. Kapitel: „Die erste Hälfte des Vereins Nächstenliebe"
Immer wieder gerne bemüht ist der Preußenhass eines echten Bayern. Das liest sich dann in satirischer Form in etwa so:

> 99 *Nachdem August einen Artikel, in dem die streikenden Weber, obwohl sie wirklich aus Not streikten, als vaterlandslose Schurken genügend gebrandmarkt wurden, als Appetitschnaps mit Beifall genossen hatte, erschien sein*

Eisbein und sein schweres Stammseidel, auf dem ein sechs Zoll hoher Bismarck als zinnerner Reichsschmied prangte, und zugleich mit diesen Dingen erschien Herr Alois Gselchwampner, der seit fünfundzwanzig Jahren in dieser norddeutschen Stadt ein Regenschirm- und Spazierstockgeschäft betrieb und seinen bayrischen Dialekt nicht nur nicht abgelegt, sondern oppositionell verschärft hatte. Auf gelegentlichen Vorhalt musste er zugeben, dass sich auch im Königreich Preußen in weit versprengten Exemplaren einzelne so gute Menschen fänden wie er; aber wenn er es dann logischerweise nicht aufrecht erhalten konnte, dass jeder Preuße ein Saupreuße sei, so drehte er sich heftig in den Schultern und rief:

„I konn und konn holt den Dialekt nit leiden! Wonn so a Preiß sogt: „Gäben Sie mir ein Löwenbräu“ - ja Himmelherrgottsakra, da mecht man do glei dreinschlag'n! Sö san ma zu großschnauzi, dö Herrn Preißen! - Paul, a gonze Maß hob i b'stellt und net a halbe. Sö g'scherter Hammel Sö g'scherter! - Zu großschnauzi san 's ma halt, dö Preißen!“

Marie von Ebner-Eschenbach

,, *Fürcht dich, du Bosnickel, du Trotznickel. (ohne Quellenangabe)*

Otto von Corvin, aus dem „Pfaffenspiegel"

Am 15. Dezember 1560 ereiferte er sich sehr, weil einige angesehene deutsch-protestantische Prediger und Anhänger der Augsburgischen Konfession nach Antwerpen gekommen waren. Nachdem er einen Teil des Textes ausgelegt hatte, ergriff er die Gelegenheit, seinem Grimm über die Ketzer Luft zu machen. Er brüllte wie verrückt:

,, *Bah! ich möchte beinah vor Zorn und Tollheit aus der Haut fahren! Ah bah! da sind nun zu Antwerpen,*

dem höllischen Pfuhl, dem teuflischen Abgrund, wo alles verfluchte Gift und stinkender Unflat zusammenkommt, wiederum neue Verräter, Verführer, Betrüger, neue Schelme und Bösewichter aus dem verdammten und verfluchten Deutschland angekommen und vermeinen, in diesen edlen Niederlanden – die sich jederzeit so standhaft im christlichen Glauben gehalten, bis die mageren, dürren, ledernen deutschen Arschkerben ihre beschissene Supplikation übergeben – ihre Augsburgische Konfession einzuführen und fortzupflanzen. Bah, seht doch, wie schnell sie mit ihrer teuflischen Augsburger Konfession gelaufen kommen, sobald sie gehört, dass diese verfluchten Geusen die Religion verändern wollen!

Kollegenbeschimpfungen

Sich über Kollegen zu ereifern, erst recht wenn es sich dabei um Künstlerkollegen handelt, gehört zweifelsohne zu keiner Zeit zum guten Ton. Dennoch zieht sich diese Unsitte als Konstante durch die Epochen, von der Antike bis in die Gegenwart. Und man muss zugeben, dass es Spaß macht, diese Ergüsse zu lesen. Hier ein paar der schönsten verbalen Ausfälle des einen gegen den anderen – in wechselnder Rollenverteilung.

99 *Du deklamierst flott, Atticus, und prozessierst flott, flott schreibst du Geschichte, flott schreibst du Gedichte, du machst flotte Kabarett-Programme und flotte Epigramme,*
flott bist du als Sprachforscher und flott als Sterndeuter, du bist ein flotter Sänger, Atticus, und ein flotter Tänzer, flott beim Gitarrenspiel und flott beim Ballspiel.
Während du gar nichts machst, machst du doch alles flott.

Soll ich dir sagen, was du bist? Du bist ein großer Stümper!
(Horaz über Atticus)

,, *Seine Eloquenz ist lendenlahm und brüchig.*
(Brutus über Cicero)

,, *Plato ist ein Langweiler.*
(Friedrich Nietzsche über den Philosophen Plato)

,, *Ein Monstrum ohne Geschmack.*
(Voltaire über Shakespeare)

,, *Von Claudius weiß ich durchaus nichts zu sagen, er ist eine völlige Null.*
(Wilhelm von Humboldt über Matthias Claudius)

,, *Mit größerer Majestät ist wohl noch nie ein Verstand stillgestanden.*
(G. Ch. Lichtenberg über den Dichter F.G. Klopstock)

,, *Die leidige Bremse ist mir als Erbstück von meiner guten Mutter schon viele Jahre sehr unbequem.*
(Goethe über Bettina v. Arnim)

WIE DIE BEZIEHUNG GOETHES ZU BETTINA V. ARNIM (DAMALS
NOCH BRENTANO) GENAU GESTALTET WAR, IST BIS HEUTE NICHT
GANZ EINDEUTIG GEKLÄRT. FEST STEHT ABER, DASS SIE NICHT
IMMER SCHLECHT WAR …

99 *Seit ich fühle, habe ich Goethe gehasst, seit ich denke,
weiß ich warum.*
(Ludwig Börne über Goethe)

99 *Ein kindisch imbeziler Tollhäusler*
(Goethe über den dänischen Schriftsteller Jens Immanuel Bag-
gesen)

99 *Böttiger ist wie die Harpyien. Er kann dem Publikum nichts auftischen, ohne dass er zugleich dareinscheißt.*
(Goethe über den Philologen Karl August Böttiger)

99 *Ein Arschgesicht*
(Goethe über den Philologen Karl August Böttiger)

99 *Ja, der Brentano, das war auch so einer, der gern für einen ganzen Kerl gegolten hätte! Er stieg vor Sophiens Wohnung am Weinspalier bis ans Fenster hinauf bei nächtlicher Weile, um die Leute glauben zu machen, es wäre viel dahinter, damit es fein hitzig aussähe mit der Liebe. Aber es war und wurde nichts. Zuletzt warf er sich in die Frömmigkeit, wie denn überhaupt die von Natur Verschnittenen nachher gern überfromm werden, wenn sie endlich eingesehen haben, dass sie anderswo zu kurz kamen und dass es mit dem Leben nicht geht. Da lob ich mir meine alten ehemaligen Kapuziner: die fraßen Stockfisch und vögelten in einer Nacht.*
(Goethe über Clemens Brentano)

99 *Was den Kleist besonders kurios macht, ist sein Rezept zum Dialog. Er denkt sich alle Personen halb taub und dämlich, so kömmt dann durch Fragen und Repetiren der Dialog heraus.*
(Clemens Brentano über Heinrich v. Kleist)

99 *Erzwindbeutel*
(Johann Heinrich Voss über Clemens Brentano)

99 *Was du mir von Goethe schreibst, meine Teure, hat mir den Charakter dieses aufgeblasenen Gecken noch um ein gut Teil ekelhafter und verächtlicher gemacht.*
(Friedrich Heinrich Jacobi über Goethe)

99 *Verwandte sind sie von Natur,*
Der Frischling und das Ferkel;
So ist Herr Menzel endlich nur
Ein potenzierter Merkel.
(Goethe über die beiden Schriftsteller Wolfgang Menzel und Garlieb Merkel)

99 *Aristokratenknecht*
(Heinrich Heine über Goethe)

99 *In der Tat, er ist mehr ein Mann von Steiß als ein Mann von Kopf, der Name Mann überhaupt passt nicht für ihn, seine Liebe hat einen passiv pythagoräischen Charakter, er ist in seinen Gedanken ein Pathikos, er ist ein Weib.*
(Heinrich Heine über den Schriftsteller August Graf von Platen)

HEINRICH HEINE IN EINER
BLEISTIFTZEICHNUNG AUS
DEM JAHR 1829

99 *Mir scheint es zuweilen, als ob das Gebiet der eigentlichen Poesie erst da beginne, wo Goethe aufhört.*
(Karl Immermann über Goethe)

99 *Goethe ist eine Sau, die ihre eigenen Perlen mit Füßen tritt.*
(Gräfin Reventlow)

99 *Du elende frostige Lothsalzsäule! Du ausgehöhlter Hohlbohrer voller Herzen! Ausgeblasenes Lerchen-Ei, aus dem nie das Schicksal ein vollschlagendes, auffliegendes, freudetrunkenes Herz ausbrüten kann!*
(Jean Paul über den von ihm selbst erfundenen Kunstrat Fraischdörfer)

99 *Kotzebue ist ein welker, poröser Zunderschwamm.*
(Jean Paul über August von Kotzebue)

99 *Der Schauspielschmierer Kotzebue hält sich sogar berechtigt, dem Publico zu sagen, dass er seiner sterbenden Frau ein Klistier gesetzt habe.*
(G. Chr. Lichtenberg über August von Kotzebue)

99 *Diese ganze Sippschaft ist rein toll, man muss sie unter einander sich die Hälse brechen und toben lassen, bis sie umfallen.*
(Friedrich Heinrich Jacobi in einem Brief über seine Kollegen Schelling, Fichte & Co)

99 *Hegel ist ein plumper Scharlatan und seine Lehre eine philosophische Scharlatanerie. Der Grundgedanke seiner Afterweisheit war eine philosophische Hanswurstiade. Er ist eine philosophische Ministerkreatur, ein geistiger Kali-*

ban, eine bestia trionfante, ein frecher Unsinnschmierer, ein Papier-, Zeit- und Kopfverderber. (...) Hegel hat einen verdummenden, man könnte sagen pestilenzialischen Einfluss auf die Philosophie und damit auf die Deutsche Literatur gehabt. Hegel hatte eine solche Bierwirtsphysiognomie, dass die Deutschen schon an dieser hätten erkennen können, was ein Alltagsmensch er war.*

(Arthur Schopenhauer über G. W. F. Hegel)

99 *Nora ist die größte Quatschliese, die jemals von der Bühne herab zu einem Publikum gesprochen hat.*

(Theodor Fontane über Henrik Ibsens Schauspiel „Nora, oder ein Puppenheim")

99 *Von Lamartine wird nicht so viel bestehen bleiben, um damit einen halben Band ausgewählter Gedichte zu füllen. Er ist ein Eunuchengeist, ihm fehlt es an den Hoden, er hat immer nur klares Wasser gepisst.*

(Gustave Flaubert über den Lyriker Alphonse de Lamartine)

99 *Sie halten George für einen großen Dichter. Ich für einen großen Taschenspieler. Es ist nicht die Zeit, Respekt vor einem Kerl zu bezeugen, der uns einen großen Teil der Scheiße eingebrockt hat, erhabene Scheiße meinetwegen.*

(Der Schriftsteller Joseph Roth über seinen Kollegen Stefan George)

99 *Ein schamloser Liederjahn und schmeichelzüngiger Bouffon.*

(Der Schriftsteller Denis Diderot über den Philosophen Julien Offray de La Mettrie)

99 *Er führt seine Leser aufs Scheißhaus und schließt sie dort ein. (Oscar Wilde über seinen Schriftstellerkollegen George Moore)*

Florilegium

Auch hier folgt, wie bei den lateinischen Flüchen, ein kleines Florilegium der besten Schimpfwörter aus der Zeit vom Spätmittelalter bis zum 19. Jahrhundert:

Aaskröte

Alle Komposita zu After-:

Afterdichter

Afterkünstler

Afterphilosophen

Afterredner

Verschiedene Komposita von –bald:

Schandbalg

Hurenbalg

Teufelsbalg

Wechselbalg

Bankert (für ein uneheliches Kind)

Bärenhäuter (veraltet für „Faulpelz“)

Beckmesser (nach der Figur aus Wagners Oper „Die Meistersinger von Nürnberg“: kleinlicher Kritiker)

Beutelschneider (ursprünglich für einen Dieb (der den Bestohlenen den Geldbeutel von Gürtel abschnitt), später auch für Wucherer)

Verschiedene Komposita zu –brut:

Höllenbrut

Natternbrut

Otternbrut

Satansbrut

Teufelsbrut

die Komposita zu –diener:

> *Fürstendiener*
> *Liebesdiener*
> *Götzendiener*
> *Pfaffendiener*
> *Faiseur (zu französisch „faire" = machen) veraltet für einen Anstifter*
> *Falott (aus französisch „falot" = lustiger Mensch), veraltet für Gauner, Betrüger*

Komposita zu Galgen-:

> *Galgenbruder*
> *Galgengesicht*
> *Galgenfutter*
> *Galgenschwengel*
> *Galgenstrick*
> *Galgenvogel*
> *Geck*
> *Gezücht*
> *Hundsfott (eigentlich das Geschlechtsteil der Hündin, gemeint ist ein niederträchtiger Mensch)*
> *Kanaille (aus ital. canaglia = Hundepack, Gesindel)*
> *Kasuist (abgeleitet von lat. casus = Fall, bildungssprachlich geringschätzig für einen haarspalterischen Menschen)*
> *Kebse/Kebsweib (veraltet für Prostituierte)*

diverse Zusammensetzungen mit –knecht:

> *Fürstenknecht*
> *Mammonsknecht*
> *Satansknecht*
> *Krautjunker (früher abschätzig für einen Landadeligen, der wie ein Bauer auftrat)*
> *Laffe (veraltet für einen eitlen, dummen Mann)*
> *Metze (für Hure)*
> *Mordbube (für Mörder)*
> *Maulaffe*

    Natternbrut

    Nattermgeschmeiß

    Otternbrut

    Ohrenbläser (Verleumder)

    Pfaffenknecht (für einen unterwürfigen Diener der Kirche)

    Pfaffensack (geldgieriger Kleriker)

    Philisterseele (Kleingeist)

    Pillendreher (für Apotheker)

    Rabulist (von lat. rabere = toben, bildungssprachlich für Haarspalter, Wortverdreher)

    Räsoneur (zu franz. Raisonner = vernünftig denken, argumentieren, bildungssprachlich für Nörgler, Schimpfer)

    Renegat (bildungssprachlich für jemanden, der seinen religiösen oder politischen Überzeugungen abtrünnig wird)

    Rotürier (von franz. roture = gepflügtes, zinspflichtiges Land, veraltete abfällige Bezeichnung für einen Bürgerlichen)

    Schandbube/weibl. Schandbübin

    Schandmaul

diverse Spielarten und Komposita von Schwein-:

    Schweinebande

    Schweinepack

    Schweinepriester (ursprünglich ist damit der Schweinehirte eines Klosters gemeint, später wurde daraus die Beschimpfung als gemeiner, mieser Kerl)

alle Varianten von Nickel:

    Schandnickel

    Saunickel

    Neidnickel

alle Varianten des –teufels:

    Eheteufel

    Weibsteufel

    Zankteufel,

    Teufelsdiener

Teufelsbraten

Teufelsbrut

Teufelsgezücht

Teufelsweib

Tintenkleckser

Troglodyt (aus dem Griechischen „Troglodytai" = Höhlen-bewohner, bildungssprachlich für einen Menschen auf einer sehr niedrigen Kulturstufe)

Vettel

Vigilant (lat. vigilans = wachsam, veraltet für einen Po-lizeispitzel)

Wechselbalg (nach altem Glauben ein missgestaltetes Kind, das der Wöchnerin von Zwergen, Geistern oder dem Teufel untergeschoben wird)

diverse Komposita mit –weib:

Teufelsweib/Weibsteufel

Satansweib

Kebsweib

Schandweib

Wollüstling

Xanthippe

Beschimpfen kann man einander nicht nur mit Substantiven, auch Adjektive sind dazu recht gut geeignet. Hier eine kleine Auswahl „klassischer" Adjektive:

beckmesserisch (kleingeistig, besserwisserisch)

biedersinnig

bübisch

buhlerisch

ehrlos

ehrvergessen

eselhaft

gallig

geckenhaft

gleisnerisch

grillenfängerisch

grillenhaft (= verspleent)

hoffärtig (eitel)

hundsföttisch

krämerhaft

lakaienhaft

lendenlahm (impotent)

lose

lotterhaft

luderhaft

meuchlerisch

milchgesichtig

närrisch

pfäffisch

philiströs (spießbürgerlich)

prunksüchtig

quacksalberisch

ränkesüchtig

sauertöpfisch

schiefmäulig

schlangenzüngig

schmähsüchtig

schurkisch

siebengescheit

sittenlos

sonderlich

speichelleckerisch

tolldreist

ungalant

ungestalt

unzüchtig

verderbt

verhurt

vermaledeit
vettelhaft
viehisch
welsch
wetterwendisch
zanksüchtig
zuchtlos

Teil 3 – Personen und Begriffe

Personenverzeichnis

Im Folgenden findet sich eine Liste der wichtigsten Personen aus dem Zitatenschatz mit ihren Lebensdaten.

Bei denjenigen historischen Persönlichkeiten, bei denen vorausgesetzt werden kann, dass sich nähere Erklärungen zu ihrer Person erübrigen, wurde auf genaue Erklärungen verzichtet und lediglich zur besseren zeitlichen Einordnung ihre Lebensdaten angeführt. Bei allen andere finden sich sehr kurze Erläuterungen. Ebenso werden all jene historischen Persönlichkeiten nicht näher vorgestellt, die in der Rubrik „Kollegenbeschimpfungen" jeweils im Anhang an das Zitat kurz vorgestellt wurden.

Bettina von Arnim (1785 – 1859): Deutsche Schriftstellerin der Romantik. Sie war die Schwester des romantischen Dichters Clemens Brentano und Ehefrau des ebenfalls romantischen Dichters Achim von Arnim. Eine mögliche kurze Affäre mit Goethe wird vermutet, gilt aber nicht als sicher. Sie wurde vor allem durch ihr soziales Engagement bekannt.

Aristophanes (450/444 v. Chr. – 380 v. Chr.): Komödiendichter aus Athen. Er gilt als einer der bedeutendsten Vertreter der griechischen Komödie und des griechischen antiken Theaters überhaupt. Sein Hauptwerk „Lysistrate" wird bis heute an den Theatern gespielt.

Ludwig van Beethoven (1770 – 1827): Deutscher Komponist. Beethoven führten in seinen Kompositionen die Musik der Wiener Klassik zu ihrem Höhepunkt und wurde gleichzeitig zum Wegbereiter der Romantik.

Carl Ludwig Börne (eigentlich Juda Löb Baruch, 1786 – 1836): Deutscher Journalist, Literatur- und Theaterkritiker. Börne setzte sich leidenschaftlich für die Demokratiebewegung „Junges Deutschland" ein, ebenso leidenschaftlich dürfte er den Literaturfürsten Goethe gehasst haben.

Clemens Brentano (1778 – 1848): Deutscher Dichter der Romantik. Zu seinen bekanntesten Werken zählt die zusammen mit Achim von Arnim erstellte Volksliedsammlung „Des Knaben Wunderhorn". Brentano war zweimal verheiratet, die zweite Ehe mit Auguste Bußmann dürfte ein einziges Desaster aus überzogenen Erwartungen und Enttäuschungen gewesen sein. In seinen späteren Lebensjahren wandte er sich intensiv dem Katholizismus zu.

Brutus (eigentlich Marcus Iunius Brutus Caepio, 85 v.Chr. – 42 v.Chr.): Römischer Politiker in der Zeit der späten Republik, einer der Mörder Julius Cäsars.

Gottfried August Bürger (1747 – 1794): Deutscher Schriftsteller, zu seinen berühmtesten Werken zählen die „Abenteuer des Freiherrn von Münchhausen".

Gaius Valerius Catullus (Catull, 1. Jahrhundert vor Christus): Römischer Dichter. Über sein Leben ist wenig bekannt, geboren wurde er in Verona, später hat er die meiste Zeit in Rom gelebt. Erhalten sind von ihm 116 Gedichte („Carmina"), in denen er unter anderem hochgestellte Persönlichkeiten wie Julius Cäsar mit beißendem Spott angreift.

Miguel de Cervantes Saavedra (1547 – 1616): Spanischer Schriftsteller. Sein berühmtestes Werk ist der „Don Quijote", eine Parodie auf den Ritterroman, die zugleich vor Augen führt, welche fatalen Folgen die übermäßige Lektüre solcher Romane haben kann. Mit dem „Don Quijote" hat sich Cervantes in den Rang des spani-

schen Nationaldichters geschrieben.

Marcus Tullius Cicero (106 v.Chr. – 43 v.Chr.): Römischer Konsul, Anwalt, Schriftsteller und Philosoph. Cicero gilt als einer der größten Redner Roms. Von ihm ist ein umfangreiches Werk aus rhetorischen und philosophischen Schriften erhalten, darunter der „Orator" oder die „Reden gegen Verres".

Matthias Claudius (1740 – 1815): Deutscher Dichter und Journalist. Der Nachwelt in Erinnerung geblieben ist Matthias Claudius besonders durch sein lyrisches Werk, darunter das bekannte Abendlied „Der Mond ist aufgegangen".

Otto von Corvin (1812 – 1886): Deutscher Schriftsteller und Journalist. Bekannt geworden ist er vor allem durch seinen auch bei uns zitierten „Pfaffenspiegel", eine ausgesprochen polemische Kritik an der katholischen Kirche.

Marie von Ebner-Eschenbach (1830 – 1916): Österreichische Schriftstellerin. Sie gilt mit ihren psychologischen Erzählungen als eine der wichtigsten Schriftstellerinnen des 19. Jahrhunderts.

Otto Ernst (eigentlich: Otto Ernst Schmidt, 1862 – 1926): Deutscher Schriftsteller. Zu seinen Werken gehören autobiographische Texte, Theaterstücke sowie Lyrik.

Gustave Flaubert (1821 – 1880): Französischer Schriftsteller und Romancier. Als sein bekanntestes Werk gilt der Roman „Madame Buvary".

Theodor Fontane (1819 – 1898): Deutscher Schriftsteller und Apotheker. Er gilt als wichtigster Vertreter des Poetischen Realismus. Zu seinen Hauptwerken zählen unter anderem die Romane „Effi Briest" und „Irrungen, Wirrungen".

Johann Wolfgang von Goethe (1749 – 1832): Zum Dichter des „Werther" oder des „Faust" dürften sich genauere Erklärungen wohl erübrigen. Goethes Werk umfasst nahezu alle Gattungen, von Epik über Lyrik bis zur Dramatik. Gemeinsam mit Schiller gehörte er zu den wichtigsten Vertretern der sogenannten Weimarer Klassik.

Hans Jakob Christoffel von Grimmelshausen (ca. 1622 – 1667): Deutscher Schriftsteller des Barock. Sein Hauptwerk ist der Roman „Der abenteuerliche Simplicissimus Teutsch", in dem er ein vielschichtiges Bild des Dreißigjährigen Krieges und der verrohten Gesellschaft nach dem Krieg zeichnet.

Andreas Gryphius (1616 – 1664): Deutscher Dramatiker und Dichter des Barock. Auch er beschwört in seinen Sonetten und Tragödien den Schrecken des Dreißigjährigen Krieges herauf. Ein Motiv, das sich durch sein gesamtes Werk zieht, ist die Vergänglichkeit allen menschlichen Schaffens.

Heinrich Heine (eigentlich Harry Heine, 1797 – 1856): Einer der bedeutendsten deutschen Schriftsteller des 19. Jahrhunderts. Heine gilt zugleich als letzter deutscher Dichter der Romantik und als politisch engagierter Autor des Vormärz. Durch seinen ebenso ironischen wie polemischen Ton war er bei seinen Gegnern gefürchtet. Er verfasste zahlreiche Gedichte, erhob aber auch den Reisebericht zur literarischen Kunstform.

Ernst Theodor Amadeus Hoffmann (1776 – 1822): Deutscher Dichter, Komponist und Jurist der sogenannten Romantischen Ironie oder auch Schwarzen Romantik. Sein Werk zeichnet sich durch seine scharfe Ironie aus, mit der er unter anderem das Spießbürgertum bedachte.

Quintus Horatius Flaccus (Horaz, 65 v.Chr. – 8 v.Chr.): Einer der bedeutendsten Dichter der sogenannten Augustinischen Zeit.

Wilhelm von Humboldt (1767 – 1835): Preußischer Gelehrter, Staatsmann und Mitbegründer der Berliner Universität.

Karl Immermann (1796 – 1840): Deutscher Schriftsteller, Lyriker und Dramatiker.

Friedrich Heinrich Jacobi (1783 – 1819): Deutscher Philosoph, Jurist und Schriftsteller.

Gottfried Keller (1819 – 1890): Schweizer Schriftsteller. Zu seinen Hauptwerken gehörten der Roman „Der grüne Heinrich" und die Erzählung „Kleider machen Leute".

Heinrich von Kleist (1777 – 1811): Deutscher Dramatiker, Erzähler und Lyriker. Kleist gehörte mit seinem Werk keiner der Hauptströmungen seiner Zeit an, weder der Weimarer Klassik noch der Romantik. Zu seinen bekanntesten Werken zählt das Lustspiel „Der zerbrochene Krug".

Friedrich Gottlieb Klopstock (1724 – 1803): Deutscher Dichter und wichtigster Repräsentant der literarischen Strömung der Empfindsamkeit.

Michael Kohlhaas (eigentlich: Erwin Schmidhuber, 1866 – 1937): Deutscher Humorist und Richter. Sein Pseudonym ist der gleichnamigen Novelle Heinrich von Kleists entnommen.

August von Kotzebue (1761 – 1819): Deutscher Dramatiker und Schriftsteller. Er wurde vom Burschenschaftler Karl Ludwig Sand erstochen mit den Worten „Hier, du Verräter des Vaterlandes." Seine Ermordung diente als Rechtfertigung der Karlsbader Beschlüsse.

Georg Christoph Lichtenberg (1742 – 1799): Mathematiker und erster Professor für Experimentalphysik. In seinen „Sudelbü-

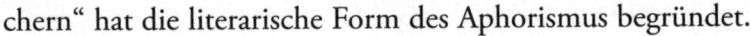

chern" hat die literarische Form des Aphorismus begründet.

Martin Luther (1483 – 1546): Deutscher Reformator, Bibel-übersetzer, Theologe und Schriftsteller. Für unser Buch besonders wichtig ist Luther als zum Teil wenig zimperlicher Prediger gegen die Bauern, gegen den Papst und – unrühmlich genug – gegen Hexen und Juden. Auf Zitate aus Luthers antisemitischen Reden wurde in diesem Buch übrigens verzichtet.

Mahábhárata (Die große Geschichte Bharatas): Dieses Mal kein Autor, sondern das bekannteste Epos Indiens. Das erste Mal wurde es vermutlich zwischen 400 v. und 400 n. Chr. niedergeschrieben, es dürfte aber auf ältere Traditionen zurückgehen. Das Epos besteht aus insgesamt 100.000 Doppelversen, es ist für Hindus ein wichtiger Leitfaden, denn es schneidet alle Aspekte hinduistischer Ethik an.

Molière (eigentlich Jean Baptiste Poquelin, 1622 – 1673): Fran-zösischer Schauspieler, Theaterdirektor und Dramatiker. Er erhob die Komödie zu einer der Tragödie gleichwertigen literarischen Gattung und geißelte in ihr menschliches Fehlverhalten.

Johann Michael Moscherosch (1601 – 1669): Staatsmann, Sati-riker und Pädagoge des Barock. Er veröffentlichte Aufsätze, Gedichte und Erzählungen sowohl in lateinischer als auch in deutscher Sprache unter dem Pseudonym Philander von Sittewald. Sein bekanntestes Werk ist dementsprechend eine Sammlung von 14 satirischen Er-zählungen mit dem Titel „Wunderliche und Wahrhafftige Gesichte Philanders von Sittewald".

Wolfgang Amadeus Mozart (1756 – 1791): Zu Mozart muss man wohl nicht viel erklären. Er galt als einer der bedeutendsten Komponisten der Wiener Klassik und darüber hinaus der gesamten Musikgeschichte. Seine „Bäsle"-Briefe sind darüber hinaus ein schö-nes Zeugnis für seinen bisweilen recht derben Wortwitz.

Gnaeus Naevius (ca. 265 v.Chr. – 201 v.Chr.): Römischer Dramatiker und Epiker, geboren in Kampanien, gestorben in Utica (Nordafrika), möglicherweise in der Verbannung.

Friedrich Nietzsche (1844 – 1900): Deutscher Philologe, der erst nach seinem Tod auch als Philosoph zu Weltruhm gelangte. Als sein Hauptwerk gilt die philosophische Dichtung „Also sprach Zarathustra".

Jean Paul (eigentlich Johann Paul Friedrich Richter, 1763 – 1825): Deutscher Dichter. Literarhistorisch steht Jean Paul zwischen der Klassik und der Aufklärung. Stilistisch ist er für seine Manierismen bekannt, er bewegt sich zwischen Satire, Ironie und (meist ironisch gebrochener) Idylle. Zu seinen Hauptwerken zählen die Romane „Siebenkäs" und „Titan".

Titus Petronius Arbiter (Petron, 14 – 66. n.Chr.): Römischer Senator und Autor des satirischen Romans „Satyricon", der allerdings nicht vollständig erhalten ist.

Titus Maccius Plautus (ca. 254 – ca. 184 v.Chr.): Einer der ersten und zugleich produktivsten Komödiendichter im alten Rom. Unter seinem Namen wurden insgesamt 130 Komödien veröffentlicht, allerdings gelten nur 21 als „echt". Plautus nimmt in seinen Komödien Bezug auf aktuelle politische Ereignisse, besonders zeichnen sich die Werke aber durch ihre derbe Komik aus.

Wilhelm Raabe (1831 – 1910): Deutscher Schriftsteller. Raabe gilt als Vertreter des sogenannten Poetischen Realismus und ist bekannt für seine gesellschaftskritischen Erzählungen, Novellen und Romane.

Hans Rosenplüt (auch Rosenblüth) (ca. 1400 – ca. 1460): Büchsenmacher und Dichter aus Nürnberg. Er schrieb Spruchgedichte und Reimreden. Bekannt wurde er darüber hinaus als Dichter von Fastnachtsspielen, die er zu einem eigenen literarischen Genre ausgestaltete.

Joseph Roth (1894 – 1934): Österreichischer Schriftsteller und Journalist. Zu seinen bekanntesten Werken zählt der Roman „Die Kapuzinergruft".

Hans Sachs (1494 – 1576): Nürnberger Schuhmacher, Spruchdichter, Dramatiker und Meistersinger. Er gilt als bekanntester Meistersinger überhaupt.

Friedrich Schiller (1759 – 1805): Noch ein Dichter, bei dem sich genauere Erklärungen eigentlich erübrigen. Neben Goethe und Wieland gehört er zu den wichtigsten Repräsentanten der Weimarer Klassik. Sein Drama „Die Räuber" ist nicht nur eines der meistgespielten Werke der Theaterliteratur, es birgt auch einen beachtlichen Schatz an Schimpf-Zitaten.

Arthur Schopenhauer (1788 – 1860): Deutscher Philosoph. Zu seinen Hauptwerken zählte „Die Welt als Wille und Vorstellung". Schopenhauer war erklärter Gegner der Philosophie Hegels.

William Shakespeare: Um diesen Dichter ranken sich ebenso viele Mythen wie wissenschaftliche Forschungen. Immer wieder taucht dabei die These auf, der „eine" Shakespeare habe nie existiert, sondern hinter dem Namen verberge sich ein Autorenkollektiv. Nehmen wir aber einmal an, es habe „den" historischen William Shakespeare tatsächlich gegeben, dann lebte er von 1564 – 1616, war ein englischer Lyriker, Schauspieler und vor allem Schöpfer unzähliger Komödien und Dramen, die zu den größten und meistgespielten Werken der Weltliteratur zählen.

August Strindberg (1849 – 1912): Einer der bedeutendsten Schriftsteller Schwedens. Er schrieb Schauspiele, Romane und hinterließ einen umfangreichen Briefwechsel. Zu seinen Hauptwerken zählen unter anderem die Schauspiele „Fräulein Julie" und „Gespenstersonate".

Ludwig Tieck (1773 – 1853): Deutscher Schriftsteller und Übersetzer der Romantik. Zu seinen bekanntesten Werken zählen der Roman „Franz Sternbalds Wanderungen" und die Volksmärchen „Der blonde Eckbert" und „Der gestiefelte Kater".

Ludwig Uhland (1787 – 1862): Deutscher Dichter, Jurist und Politiker. Uhland war Sekretär im Justizministerium, später Rechtsanwalt, Professor für Literatur in Tübingen und schließlich Privatgelehrter. Das in diesem Buch zitierte Gedicht „Des Sängers Fluch" galt lange als politischer Ausdruck des Bürgerprotestes: Der Fluch zerstört die Macht des Herrschers. Seine Wirkung ist bleibend und siegt über die Willkür des Königs.

Friedrich Theodor Vischer (1807 – 1887): Deutscher Literaturwissenschaftler, Philosoph, Politiker und Schriftsteller. Er schrieb unter anderem „Faust. Der Tragödie dritter Teil".

Voltaire (eigentlich Francois-Marie Arouet, 1694 – 1778): Führender französischer Schriftsteller der Aufklärung.

Johann Heinrich Voss (1751 – 1826): Deutscher Dichter und Übersetzer der Epen Homers.

Christian August Vulpius (1762 – 1827): Deutscher Schriftsteller. Sein bekanntestes Werk ist der Räuberroman „Rinaldo Rinaldini". Seine Schwester Christiane war übrigens die Ehefrau Goethes.

Christoph Martin Wieland (1733 – 1813): Deutscher Dichter und Übersetzer aus dem Zeitalter der Aufklärung. Zu seinen bekanntesten Werken gehört der Roman „Geschichte des Agathon".

Oscar Wilde (1854 – 1900): Irischer Schriftsteller und nebenbei bekennender Homosexueller, der für etliche Skandale sorgte. Als Autor ist er unter anderem bekannt durch Romane wie „Das Bildnis des Dorian Gray".

Xenophon (430/425 – nach 355 v.Chr.): Griechischer Feldherr, Politiker und Schriftsteller.

Émile Zola (1840 – 1902): Französischer Schriftsteller und Journalist. Zola gilt als einer der größten französischen Romanciers des 19. Jahrhunderts und als Begründer des Naturalismus. In seinen Romanen nehmen detailgenaue, anschauliche Milieustudien einen breiten Raum ein.

Kleines Wörterbuch der Malediktologie

Die Wissenschaft vom Schimpfen ist zwar noch sehr jung, aber auch sie hat bereits einige Fachtermini hervorgebracht:

Blasphemie: von altgriechisch „blasphemia" = Rufschädigung. Gemeint ist hier das Verhöhnen bestimmter Glaubensinhalte. Wer öffentlich den Gott einer Religionsgemeinschaft beschimpft, macht sich demnach der Blasphemie, der Gotteslästerung, schuldig.

Euphemismus: eine latinisierte Form des altgriechischen „euphemia" = Worte mit guter Vorbedeutung; ein Euphemismus ist eine Beschönigung.

Insultieren: eigentlich von lateinisch „insultare" = anspringen; hier: schwer beleidigen, beschimpfen.

Koprolalie: von altgriechisch „kopros" = Kot und „lalo" = ich rede; der meist zwanghafte Drang, immer wieder Ausdrücke der Fäkalsprache zu verwenden; die Koprolalie findet sich zwar auch in der Literatur, in erster Linie wird damit aber ein pathologisches Phänomen bezeichnet: Die Betroffenen geben immer wieder, oft mehrfach hintereinander und ohne es bewusst steuern zu können, vulgäre Ausdrücke oder Begriffe aus der Fäkalsprache von sich; diese Art der Koprolalie ist eine Tic-Störung und tritt häufig beim „Tourette-Syndrom" auf. Eng verwandt damit ist die

Kopropraxie: von altgriechisch „kopros" = Kot, Dung und „praxis" = Handlung; der Zwang, immer wieder obszöne oder beleidigende Gesten durchzuführen. Auch die Kopropraxie ist eine Tic-Störung. Und schließlich gibt es noch die

Koprographie: von altgriechisch „kopros" = Kot, Dung und „grafein" = malen, zeichnen; auch das ist eine Tic-Störung, bei der die Betroffenen wie unter Zwang immer wieder obszöne Begriffe malen oder schreiben.

Malediktion: von lateinisch „maledicere" = schmähen, Schlechtes sagen; hier: Fluch, Schmähung, Verwünschung.

Malediktologie: von lateinisch „maledicere" = schmähen, Schlechtes sagen; die Malediktologie ist ein noch junger Forschungszweig der Psycholinguistik, der Soziolinguistik und der Psychologie, der sich wissenschaftlich mit dem Schimpfen beschäftigt; begründet wurde die Malediktologie 1973 in Kalifornien durch den deutschstämmigen Philologen Reinhard Aman.

pejorativ: von lateinisch „peior" = schlechter; abwertend. Das dazugehörige Substantiv ist das

Pejurativum: von lateinisch „peior" = schlechter; die Beschimpfung.

Pejoration: von lateinisch „peior" = schlechter; der Bedeutungswandel eines Wortes von einem an sich neutralen Begriff hin zu einer Beleidigung. Beispiele hierfür sind unter anderem „phaffe" (Pfaffe), ein Wort, das im Mittelhochdeutschen wertfrei einen „Priester" bezeichnete, das aber heute eine abwertende Bedeutung angenommen hat, oder das mittelhochdeutsche „wip" (Weib), mit dem ursprünglich die „Frau" gemeint war. Heute trägt auch das „Weib" meist eine abwertende Bedeutung.

Satire: Das Wort leitet sich ab vom lateinischen „satira", das sich wiederum aus „satura lanx" herleitet = eine mit Früchten gefüllte Schale; im übertragenen Sinne ist damit ein „buntes Allerlei" gemeint; eine Satire ist ein Spott- oder Strafgedicht, in dem sich der Dichter über Missstände, Unsitten, aber auch über Ansichten lustig macht, die er nicht teilt.

Schallwort: auch Onomatopöie; ein lautmalerisch gebildetes Wort; ein Wort trägt bereits in seinem Klang die begriffliche Bedeutung.

Skatologie: von altgriechisch „skatos" = Kot, Mist; wer sich skatologisch ausdrückt, bevorzugt mit anderen Worten die Fäkalsprache.

Tirade: dieses Wort leitet sich zur Abwechslung einmal weder aus dem Altgriechischen noch aus dem Lateinischen her, sondern vom französischen „tirage" = Abzug, Auflage, Ziehung; mit einer Tirade ist ein nicht endender Redestrom gemeint. In Bezug auf die Malediktologie findet man dementsprechend besonders die Schimpftirade.

vulgär: von lateinisch „vulgaris" = allgemein, gewöhnlich, „vulgus" = gemeines Volk; im heutigen Sprachgebrauch meint das Adjektiv vulgär so viel wie „derb", „abstoßend". Ein häufig gebrauchtes Synonym zu vulgär ist ordinär.

Vulgarismus: Auch das Substantiv leitet sich von „vulgaris" = niedrig, allgemein und dem gemeinen Volk, dem „vulgus" ab. Ein Vulgarismus ist dementsprechend ein abstoßender Begriff. Er gehört in den Bereich der „Vulgärsprache".

Anhang

Literaturverzeichnis

Auf Literaturangaben zu den zitierten Texten wird verzichtet. Sie entstammen zum Teil einzelnen Werkausgaben, sind zum Teil lexikalischen Artikeln entnommen und zum Teil aus dem „Projekt Gutenberg" recherchiert.

Aman, R.: Maledicta: The International Journal of Verbal Aggression (1977 – 2005).

Ders. (Hrsg.): Opus Maledictorum. A Book of Bad Word. New York 1996.

Ders.: Bayerisch-österreichisches Schimpfwörterbuch. Lexikon der Schimpfwörter. Psychologisch-sprachliche Einführung in das Schimpfen. München 1975.

Borneman, E.: Der obszöne Wortschatz der Deutschen. Sex im Volksmund. Rowohlt 1971.

Drews, J.: Dichter beschimpfen Dichter. Haffmans-Verlag 2006.

Drogin, M.: Anathema. Medivial scribes and the history of book curses. Totowa, Montclair 1983.

Essig, R.-B.: Holy shit. Alles übers Fluchen und Schimpfen. Aufbau-Verlag 2012.

Fink, G.: Der kleine Schmutzfink. Unflätiges aus dem Latein. Albatros-Verlag, Mannheim 2011.

Dr. Freud, S.: Handbuch der Beschimpfungen, München, Bassermann 2007.

Hofmann, J. B.: Die lateinische Umgangssprache. Heidelberg 1951.

Jay, Th.: Why we curse. A neuro-psycho-social theory of speech. Philadelphia, John Benjamins Publishing 2000.

Klein, S.: Die Glücksformel oder: Wie die guten Gefühle entstehen. 2. Aufl., Fischer Verlag 2012.

Oettinger, M.: Der Fluch. Vernichtende Rede in sakralen Gesellschaften der jüdischen und christlichen Tradition. Konstanz, 2007.

Opelt, I.: Die lateinischen Schimpfwörter und verwandte sprachliche Erscheinungen. Heidelberg 1965.

Pfeiffer, H.: Das große Schimpfwörterbuch. Über 1000 Schimpf-, Spott und Neckwörter zur Bezeichnung von Personen. Eichborn, Frankfurt 1996.

Philippi, J.: Zu Gast bei Freunden. Schimpfen und Fluchen in 114 Sprachen. Hamburg 2010.

Raeth, H. G.: „Sie Affe", „Du Schwein". Die Kunst der Beleidigung. München 2009.

Schnitzler, S. / Hirte, W.: Verflucht und zugenäht. Schimpfwörter aus unserer lieben Muttersprache nebst einem Anhange. Hanau 1986.

Thal, H.: Schmutzige Wörter. Frankfurt/M. 1987.

Über die Autorin

Anja Stiller, Jahrgang 1966, studierte an den Universitäten Hannover und Salzburg Deutsche Literaturwissenschaft und Philosophie und promovierte am Institut für Ältere deutsche Literatur und Sprache an der Uni Salzburg mit der Edition einer spätmittelalterlichen Handschrift. Sie arbeitete zunächst zehn Jahre lang als freischaffende Kulturjournalistin für österreichische und deutsche Tageszeitungen, unter anderem für die „Salzburger Nachrichten" und den „Standard"/Wien. Inzwischen ist sie als Sprach- und Fachlektorin für verschiedene Sachbuchverlage sowie als PR-Texterin tätig. Im Jahr 2010 erschien ihr erster Roman „Dolcissima" im Schweizer Informationslücke-Verlag. Darüber hinaus arbeitet sie als freie Autorin für verschiedene Sachbuchverlage.

Die Autorin ist Mitglied im Netzwerk der Salzburger Medienfrauen (www.medienfrauen.at) sowie in der Schriftstellervereinigung der „42er Autoren" (www.42erautoren.de).

Ebenfalls im Programm des Regionalia Verlages

2. Auflage

ISBN 978-3-939722-75-5

21. Auflage

ISBN 978-3-939722-31-1

ISBN 978-3-95540-115-3

8. Auflage

ISBN 978-3-939722-40-3

Jeweils 128 Seiten, Hardcover, € 4,95